초보 아빠 비긴즈

초보 아빠 비긴즈

아기 유아식부터 젖병 닦기까지, 고군분투 육아 시트콤

초 판 1쇄 2024년 09월 24일

지은이 이경준
펴낸이 류종렬

펴낸곳 미다스북스
본부장 임종익
편집장 이다경, 김가영
디자인 임인영, 윤가희
책임진행 김요섭, 이예나, 안채원

등록 2001년 3월 21일 제2001-000040호
주소 서울시 마포구 양화로 133 서교타워 711호
전화 02) 322-7802~3
팩스 02) 6007-1845
블로그 http://blog.naver.com/midasbooks
전자주소 midasbooks@hanmail.net
페이스북 https://www.facebook.com/midasbooks425
인스타그램 https://www.instagram.com/midasbooks

© 이경준, 미다스북스 2024, Printed in Korea.

ISBN 979-11-6910-813-3 03810

값 19,000원

※ 파본은 본사나 구입하신 서점에서 교환해드립니다.
※ 이 책에 실린 모든 콘텐츠는 미다스북스가 저작권자와의 계약에 따라 발행한 것이므로 인용하시거나 참고하실 경우 반드시 본사의 허락을 받으셔야 합니다.

미다스북스는 다음세대에게 필요한 지혜와 교양을 생각합니다.

초보 아빠 비긴즈

이경준 지음

미다스북스

프롤로그 ·· 008

1장 어느 날 갑자기 '아빠' 육아하게 되었습니다

화가 많은 아내이지만, 나는 아내를 사랑한다 ················ 013
아내를 외박 보내다 ·· 019
육아휴직의 시작, 초보 아빠 데뷔 ·································· 024
아기의 '퉤' 앞에 무너진 요리 자신감 ···························· 030
그녀들의 사랑을 다 앗아간 임영웅 ······························· 034
매일 유아식 세끼를 만들기 시작하다 ···························· 038
문화센터에 퍼지는 굵직한 목소리 ································· 043
작은 아파트의 숨은 공간을 찾아라 ································ 048
베란다도 우리 집이다 ·· 054
'캬!' 가족 저녁 파티 속 아기는 ······································· 059
두 눈 뜨곤 못하겠는 어색한 재롱 ································· 064
롯데자이언츠의 팬, 수저 논란 ······································· 069
처갓집을 가지 않는 그녀 ·· 075
나도 말을 좀 하고 싶다! ··· 081
아내의 폭발적인 코골이 ··· 086

입 까다로운 아기도 먹게 하는 아빠의 주먹구구식 요리법 1편

소고기 미역국 ··· 091

2장 열심이지만 여전히 서툰 초보 아빠입니다

아기를 어린이집에 보내자고? ····· 097
우여곡절 어린이집 적응기 ····· 102
아빠가 되고, 내 아버지를 다시 보니 ····· 107
여름 특선, 세상에서 제일 무서운 소리 ····· 112
전복 가족의 삶을 해체하다 ····· 117
아빠가 해 보니 육아의 진짜 힘든 점 ····· 122
양털 카펫 vs 눌어붙은 국수 승자는? ····· 126
아기와의 스킨십 전략 ····· 131
차태현의 해장 육아 ····· 135
2년 만에 아내와의 데이트 ····· 140
아내만 찾는 아기에게 삐친 아빠 ····· 144
백 마디 말보다 귀한 한 번의 위로 ····· 148
아빠 육아와 자기 계발을 동시에 하는 방법 ····· 154

입 까다로운 아기도 먹게 하는 아빠의 주먹구구식 요리법 2편
전복 버터 볶음밥 ····· 159

3장 하나둘 육아가 익숙한 아빠로 살아갑니다

18개월, 공포의 잠 퇴행기 ·············· 165
아기에게서 배운 봄을 보는 방법 ·············· 171
아빠에게도 프라이버시가 있어 ·············· 176
아기가 아저씨들을 무서워하는 이유는 O 때문이다 ·············· 181
괜찮아, 아빠 여기 있어 ·············· 186
내가 주 양육자였지? ·············· 190
남편을 밥하게 하는 아내의 필살기, 칭찬 ·············· 194
밥을 못 하는데 혼자 육아할 수 있나? ·············· 199
아주 작은 일들의 힘 ·············· 205
초등학생도 절레절레하는 아빠의 육아 ·············· 209
'육아=고통?' 언제 내 안에 들어왔니? ·············· 213
강제로 성장을 당하는 육아 ·············· 218

입 까다로운 아기도 먹게 하는 아빠의 주먹구구식 요리법 `3편`
감자채전 ·············· 222

4장 그렇게 '진짜' 아빠가 되어 갑니다

아빠의 사랑도 익어 가는 거구나 ······ 227
마침내, 꽃 피는 요리 실력? ······ 232
휴직 중인 나를 아기가 하찮게 여기는 순간들 ······ 237
가족이 늘어난다, 행복이 늘어난다 ······ 241
아빠가 커피 살 때 텀블러를 쓰게 된 이유 ······ 246
육아에서 악역은 누가 맡아야 하는가? ······ 251
아빠는 찌찌 커, 엄마는 쩜쩜쩜… ······ 255
아빠가 찾은, 아기를 키우는 이유 ······ 259
노원구, 이제는 안녕을 말해야 할 때 ······ 263
화려하지 않은 고백 ······ 268

에필로그 ······ 270

프롤로그

아내는 출근하고 10개월도 안 된 아기랑 막상 둘이 매일 마주하게 된다고 생각하니 굉장히 막막했습니다. '걱정하지 말고 출근하라고 빵빵 큰소리는 쳤는데, 이거 뭐부터 해야 하나?'

이유식을 만든다거나, 왕왕 우는 아기를 안고 재운다거나, 아기가 갑자기 아프다거나. 아이를 키우는 일은 하나부터 열까지 쉬운 일은 없었습니다. 그런데 의외로 아기를 키우며 정말 어려운 점은 따로 있었습니다. 그건 이해할 수 없는 내 감정 그리고 불안과의 싸움이었습니다. '내가 원래 이런 사람이었나?' 나를 마주하며 느끼는 어색한 내 감정과, 나는 완벽하지 않은 사람인데 내가 하는 작은 행동 하나하나들이 이 작은 생명체에게 절대적인 영향을 주고 있을지도 모른다는 불안감이지요.

거기에 이런 마음을 나누기가 어렵다는 점에서 고립감도 컸습니다. 아기는 너무 사랑스러웠지만, 제 마음을 다 터놓을 수 있는 대화의 상대는 아니기 때문이죠. 가장 친한 친구인 아내에게도, 내 생각과 감정을 오롯이 공유하기는 어려워 끝끝내 남아 있는 감정 부스러기들이 많았습니다. 그래서 다른 육아하는 사람들과 진솔한 대화를 해보기 위해 육아서적을 뒤적여 봤습니다. 육아 정보를 얻기 위해서보다는 그냥 육아하는 사람이 느끼는 아주 진솔한 생각과 감정을 함께 나누고 싶어서요. 기왕이면 너무 무거운 이야기 주제만 다루지 않고, 정말 막역한 친구와 누워서 대화하듯 사소하고 우스운 이야기들까지도요. 그러다 보면 육아하며 뭔가에 쫓기는 듯하던 마음을 좀 내려놓고 저자와 대화하며 나 자신도 내 마음이 이해되지 않을까 해서요.

이 책은 그런 마음으로 쓴 책입니다. 조금은 낯부끄러운 모습들도, 조금 거칠어 보여도, 그냥 날 것대로 표현해 보려 했습니다. 상대가 대화하는데 솔직하지 못하고 자꾸 포장만 하려는 느낌이 나면, 상대에게 마음을 열기가 어려우니까요. 이 책을 보며, 마음속에 담겨 있던 많은 이야기들을 꺼내셨으면 좋겠습니다. '어휴, 저게 뭐람. 나는 저러지는 않지.' 하며 안도도 하시고 '에이! 저건 저렇게 하면 안되지!' 하며 불평도 쏟아 내셨으면 좋겠습니다. 무엇보다도, 이 책을 읽다가 한 번씩 '맞아, 생각해 보니 진짜 그런 순간들이 있었네.' 하며 사소했던 일상과 감정들이 떠올라 피식하고 웃게 되면 좋겠습니다. 육아휴직 한 아빠의 육아에 관한 이야기지만, 의외로 육아라는 거 자체가 나를 마주하고 나를 이해하는 시간이더라고요. 지금 육아 중에 계시든, 그렇지 않든 이 책을 읽고 지친 일상에 작은 웃음과 위로가 되기를 바랍니다.

1장

어느 날 갑자기 '아빠' 육아하게 되었습니다

화가 많은 아내이지만, 나는 아내를 사랑한다

아무도 아내의 비밀은 모른다. 나밖에는. 아내는 주변 사람들에게 착한 사람으로 알려져 있다. 하지만 아내는 화가 많은 사람이다. 결혼 직전에 장모님은 나에게 훌쩍이며 말씀하셨다.

"애가 정말 착하고 마음이 여려… 아파하지 않게 잘해 줘."

"아 네! 어머님 잘하겠습니다!"

'이렇게 착한 사람인데 아파하게 만들 일이 뭐가 있겠습니까?' 나는 속으로 생각했다. 그리고 결혼하고 채 얼마 지나지 않아 어머님은 씩씩거리시며 나에게 말씀하셨다.

"쟤 너한테도 저러니? 애가 어쩜 저런다니?"

"결혼 전에 분명 애가 성격 하나는 정말 착하다고 하지 않으셨던가요, 어머님?"

어머님은 잠시 당황하시다가 대답하셨다.

"착한데… 못됐어."

화가 많은 모녀는 서로 항상 투닥거리고 그 사이에서 나는 여기 갔다 저기 갔다가 하며 모녀의 화를 가라앉혀 보고자 노력했다. 결혼 아주 초기에 장인어른은 나에게 가까이 다가오셔서 조용히 말씀하셨다.

"사위야, 잘 때 조심해야 해."

"네? 잘 때요? 왜요?"

아버님은 시선을 피하며 먼 곳을 보며 말씀하셨다.

"아무튼, 그냥… 너는 좀 마음이 여린 거 같으니 너무 놀라진 말고."

당시에는 무슨 말씀을 하시는 건가 싶었는데 곧 알게 되었다. 자다가 내가 실수로 아내를 툭 잘못 건드리면 아내에게서는 무시무시한 비속어가 날아왔다. 살면서 별로 욕을 먹어 본 적이 없었던지라, 정말로 깜짝 놀랐다. 처음 그 욕을 들었을 땐 아내가 나한테 진심으로 욕을 한 건 줄 알고 충격에서 헤어 나오지 못했다. '아니, 실수로 살짝 닿았다고 정말 이렇게까지 욕을 막 한다고?' 하지만 인상을 팍 쓰고 무시무시한 욕을 뱉은 아내는 계속 편안한 표정으로 잠을 자고 있었다. 다행히 아내는 다음 날 아침 바로 사과를 했다. 아내는 의식하고 나에게 욕을 하는 게 아니었다. 욕을 해 놓고도 기억을 못하는 일도 있고 어렴풋이 기억만 하는 때도 있었다. 아무튼 아내가 의식적으로 나에게 욕을 한 것은 아니었다. 아내의 상황을 간단히 정리하자면 이런 거였다. 아내는 의식적으로는 착한 사람인데, 무의식에는 화가 상당히 많았다.

나는 갈등을 아주 싫어한다. 갈등 상황에서 어차피 화가 잘나는 편도 아니라서 그냥 그러려니 하고 넘어가는 경우가 많다. 아내도 갈등을 싫어한다. 아내는 갈등 상황에서 화가 막 나는 것 같은데 그래도 기본적으로는 착한 사람이라 이상하게 반응한다. 운전할 때, 이러한 우리의 성격이 잘 드러난다. 나는 10년 가까이 운전하면서 자동차 경적, 즉 '빵!'을 세 번 울려봤다. 심지어 운전 초기 몇 년 동안은 단 한 번도 빵을 울리지 않았다. 그런데 『세이노의 가르침』이라는 책에서 세이노님은 운전을 이상하게 하는 사람들은 제대로 욕을 먹어야 자기가 운전을 잘못하고 있다고 인식이라도 한다고 했다. 책에 쓰인 텍스트였지만 어찌나 울분을 토하시던지 그 엄청난 열기에 설득이 되어 나는 단단히 각오했다. '그래! 이상하게 운전하는 사람이 나타나면 나도 빵!을 하겠다! 두고 봐라!'

그리고 마침 그다음 날, 자기 신호도 아닌데 좌회전해서 무리하게 나오다가 내 차부터 뒤차들을 줄줄이 다 막고 있는 차를 바로 앞에서 마주했다. 운명의 장난처럼 그 밀려 있는 차들 중 나는 가장 앞에 있었다. 운명이 나에게 말을 걸었다. '너… 빵 할 수 있겠니?' 빵을 한다면 그것은 내가 되어야 했다. 나는 핸들에 장식으로 달린 줄 알았던 경적기(클랙슨)를 바라보았다. 한 번도 눌러보지 않아 살짝 먼지가 끼어 있었다. 나는 설렘 반 두근거림 반의 마음으로 조심스럽게 경적을 눌렀다. 눈을 살짝 감고 눌렀는데, 내가 상상한 '빠!아아아아아아앙!'이 아니라 '뽁!' 하는 소리와 함께 경적은 끝났다.

그 차는 내 경적 소리를 들은 것 같지도 않았다. '이것도 성격에 맞아야 하는 일이구나'를 크게 깨닫고, '누군가는 나 대신 잘못 운전하는 사람들에게 빵빵! 경적을 울려주겠지.'라고 생각했다. 그 이후로 사각지대에 있는 내 차를 보지 못하고 차선 변경을 하려는 차에게 두 번의 경적을 더 울려보았다. '뽁! 뽁!' 그게 내 평생 해 본 총 세 번의 자동차 경적이었다.

아내는 운전을 시작하더니 출근길에만 빵을 세 번도 한다. 아내는 자신의 앞에서 차선 변경을 조금 무리하게 하는 차들이 있으면 거침없이 "옘병하네!" 하며 빵을 날려댔다. 우리 또래에선 잘 사용하지 않는 말이라 처음 들었을 때는 내가 잘못 들었나 싶을 정도로 굉장히 낯설고 강렬했다. 아기가 뒤에 타고 있을 때 아내는 "옘병하네!"를 할 수 없었다. 그래서 분노가 가득 찼으나 풀어내지 못해 얼굴에 고여 끓고 있는 분노를 나는 보았다. 아내는 평소 나랑 대화도 잘 통하는 부분들이 많은데 이 거침없는 아내의 빵은 나로서는 정말 이해하기가 어려웠다. 아무튼, 아내는 이렇게 화가 많은 사람이다. 아내가 이렇게 화가 많다 보니 예상치 못한 부분에서 분노하는 아내에게 깜짝깜짝 놀랄 때가 있다. 다행히 아내는 나에게 화를 많이 내기보다는 밖에서 화를 많이 쌓아 와서 나에게 구구절절 토해냈다. 예상치 못하게 나에게 화를 내게 되면, 곧 나에게 다가와 애교를 부리거나 속상해하는 나를 달래주었다. 아기를 키우다 보니, 아내와 갈등이 상당히 많이 생길 것 같아 무섭긴 했다. 현재까지는 우리는 언성을 높여 싸우진 않고 어느 정도 부드럽게 상황들을 잘 풀어가고 있다고 생각한다. 그런데 우리가 심하게 싸우지 않는 주된 이유는 내가 아내를 굉장히 사랑하기 때문이다. 사랑하는 데 이유가 있냐고 묻는 사람들도 있겠지만, 어느 날 나는 '내가 왜 아내를 사랑할까?' 하고 궁금해서 아내를 한참이나 쳐다본 적이 있다. 이렇게 성격이 다른데 내가 아내를 이만큼 오랜 시간 동안 사랑하는 게 나조차도 이상하게 느껴졌기 때문이다. 그 결과, 몇 가지 이유를 찾아냈다.

일단 아내는 웃기다. 어떻게든 한 번 웃긴 소리를 하려고 평상시에 집요하게 주변 상황을 관찰한다. 그럴 땐, 『개그 만화 보기 좋은 날: 명탐정 우사미』라는 만화에서 나오는 것처럼 아내의 눈이 탐정의 눈으로 변하곤 한다. 맹수가 먹이를 찾듯 웃긴 거리를 찾아보려고 하는 아내를 보면 '피식' 웃음이 나왔다.

그리고 자기 객관화를 잘한다. 보통 화가 많은 사람들은 "내가 무슨 화가 많아!", "세상이 나를 가만히 놔두질 않으니까 그렇지!" 할 수 있는데, 아내는 스스로 화가 많다는 걸 잘 알고 있다. 그래서 일단 말이 통하는 것 같다. 그 외에도 뭐 몇 가지 이유가 있지만, 너무 구구절절하게 쓰면 사랑꾼처럼 보일까 봐 여기서 줄이려 한다.

육아 얘기하다가 뜬금없이 내가 아내를 사랑한다고 고백하고 있는 이유는, 내가 주 양육자로서 아기를 육아하기 시작한 이유를 말하고 싶어서이다. 그러니까 이건 약간 영화 〈배트맨 비긴즈〉 같이 프리퀄의 느낌이다. 보수적인 집에서 자란 나지만 아기의 밥을 매일 세끼 만들고, 아내의 밥까지 맨날 주방에서 만들고, 빨래, 설거지, 음쓰(음식물쓰레기), 화장실 청소 등등 온갖 집안일을 도맡아 하고 있는 이유는 결국 하나이다. 화가 많은 아내이지만, 내가 아내를 여전히 사랑하고 있기 때문이다.

그렇다. 그렇게 나의 고통이 시작되었다.

아내를
외박 보내다

아기가 10개월이 다 되어갈 무렵, 아내는 직장에 복직을, 나는 육아휴직을 시작할 준비를 하고 있었다. 나도 인수인계하고 진행하던 일들을 마감하느라 정신이 없었다. 하지만 아내는 이미 넋이 나간 사람처럼 보였다. 그 시기 즈음해서 '복직, 출근' 관련 얘기들은 우리 집에서 모두 금기어가 되었다.

"여보 출근 시작하면 평일에는 시간 내기 어려워질 테니 지금 치과 가서 스케일링 받고 와요! 내가 공주 보고 있을게."

내가 말하자마자 사나워진 아내는 나를 쫓아와서 내 등짝을 때렸다. 왜 맞는지도 모르고 있다가 잠시 후에야 '아…!' 하고 큰 깨달음을 얻었다.

한동안은 '복직' 관련 얘기만 나와도 펄쩍 뛰는 아내의 반응이 너무 재미있어서 자꾸 놀리곤 했는데 복직일이 점점 다가오자 이건 심상치가 않았다. 나도 사람인지라 '아… 이거는 놀릴 상황이 아니네.' 하고 눈치껏 적당히 조심하고 있었다. 아내가 집에 있어도 이미 아내의 영혼은 우리와 함께 있지 않았다. 〈소울〉이라는 애니메이션에서 사람이 뭔가에 몰입하고 집중하면 육체와 정신 그 사이의 어느 세계로 떠나는 장면이 있다. 아내는 '걱정'과 혼연일체가 되어 이미 걱정의 별, 혹은 그 어딘가의 세계로 떠나 있는 거 같았다. 잠시 아내의 상태를 보며 고민했다. 그러다가 어차피 내가 육아휴직을 본격적으로 시작하면 매일 나 혼자 아기와 오롯이 하루를 보내야 했기 때문에, 연습이라도 할 겸 아내에게 외박을 제안했다.

"여보도 맨날 얼마나 힘든지 아는데 내가 어떻게 그래?" 아내는 강하게 손사래 치며 말했다. 그런데 말은 저렇게 하면서도 퀭하게 점멸하고 있던 아내의 눈에 빠르게 번쩍 안광이 어린 것이 보였다. 내가 한 번 더 설득하자 아내는 덥석 내 제안을 물었다. "아니 여보가 뭐 그렇게 말한다면…." 아내는 그렇게 반나절 동안 여행 간다고 계획을 짰고 소박한 여행 일정이 잡혔다. 여행 일정을 두고 오래 고민하던 아내는 나와 아기를 두고 멀리 갈 수는 없다며 '맛집 투어 + 호캉스' 정도로 서울 투어 일정을 잡았다. 그리고 금요일 오후, 아내는 작은 가방을 메고 떠날 준비를 마쳤다.

아기띠를 하고 아기와 함께 터덜터덜 아내를 배웅 나가는데, 아내는 말로는 자꾸 걱정스럽다는 듯 말했다.
"우리 원숭이들 나 없이 잘 지낼 수 있겠지?"
하지만 얼굴을 슬쩍 보니 표정은 그 어느 때보다 생기가 돌았다.

"걱정되면 그냥 가지 말고 집에 있을래요?"

내가 웃으며 묻자 아내는 더는 아무 말도 하지 않고 빠르게 지하철로 발걸음을 옮겼다. 아내는 잠시 후 인파들 속에서 손을 흔들고 총총 사라졌다. 엄마가 가 버렸다고 혹시나 우울해하고 있지는 않을지 조심스럽게 아기의 표정을 살폈다. 아기는 그저 먼 곳을 바라보며 평온한 표정으로 나에게 안겨 있었다. 그렇게 10개월 아기와 아빠만 집으로 돌아왔다.

집으로 막상 돌아오니 집은 적막감이 흘렀다. 원래도 아내가 가끔 외출하면 아기와 단둘이 있었지만, 그 적막의 시간들은 모두 약속의 시간으로 대체가 되었다. 아내가, 엄마가 몇 시간 후면 돌아온다는 약속이 있었기에 그 시간들이 그리 허전하게 느껴지지 않았다. 하지만 오늘은 달랐다. 그렇게 우리 부녀는 그 적막과 허전함을 온몸으로 느꼈다.

"엄마 오늘 집에 돌아오지 않아. 엄마는 자고 내일 오후 되어야 올 거야 공주야. 슬프지?"

"아빠는 참 허전하다!"

예상치 못한 일이 생겼다. 오래 지나지 않아 우리 부녀는 이 새로운 상황에 적응했다. 이 당황스러운 적응력에 우리도 적잖이 놀랐다. 신나는 음악에 맞춰 아기를 품에 안고 뱅글뱅글 돌며 웃고 함께 춤을 췄다. 사실 우리 부부는 아기가 한 번 정도는 엄마를 찾으며 왕왕 울고, '역시 엄마가 소중하구나!' 하고 느끼는 상황을 기대했다. 하지만 그냥 잘 지내던 아기는 무사히 잠까지 잘 자주었다. 오히려 힘들어하는 건 아내 쪽이었다. 아내는 밤에 막상 혼자 호텔에 있으니 무섭다고 했다. 아내 혼자 밤에 잔 것이 너무 오래되다 보니 혼자 자면 무서울 수도 있다는 생각을 아예 하지 못했다. 호텔 문고리를 몇 번 확인하고도 불안해했다. 아내는 나와 아기가 보고 싶다며 자주 연락을 했다. 적당히 잘 달래주다가 아내도, 조금 긴장했던 나도 일찌감치 잠들었다. 그렇게 아내는 1박 2일의, 길다면 길고 짧다면 짧은 일정을 끝내고 밝게 웃으며 가족에게로 돌아왔다.

아내 없는 1박 2일 동안 큰 사건은 없었다. 하지만 무슨 일이 일어나도 나 혼자 대처해야 한다는 생각은 내 예상보다 무겁게 느껴졌다. 작은 일이 생겼을 때도 편하게 함께 얘기할 수 있다는 사실만으로 아내가 나에게 큰 안도감을 준다는 걸 다시 한번 생각했다. 그리고 오랜만에 혼자만의 시간을 보내고 온 아내는 활기가 도는 것 같아 보였다. '아내가 어제 무서웠네! 어쩌네 해도 역시 사람은 혼자 있는 시간이 필요하구나.'라는 생각이 들었다.

"이번에 해 보니까 혼자서 그냥 할 만하더라고요. 이후로도 가끔 짧은 여행 나갔다 와요."

나는 아내에게 제안했다. '이제 당분간 혼자 떠나지 않을 거야!' 하고 말하던 아내는 정말로 당분간 '혼자' 떠나지 않았.

다만… 친한 친구와 떠났을 뿐…그래, 여보만 행복하면, 뭐….

이제 육아휴직 시작해도 되겠다.

육아휴직의 시작,
초보 아빠 데뷔

한동안 출근길과 퇴근길이 가장 행복한 시간이었다. 하루 중 그 시간만이 내가 온전히 쉴 수 있는 시간이었기 때문이다. 물론 너무 졸려서 허벅지를 마구 찌르고 쏟아지는 잠을 쫓기 위해 소리를 지르면서 운전을 하기도 했다. 그런데도 차에 있는 동안은 혼자, 그리고 앉아 있을 수 있어 좋았다. 이 행복한 출퇴근 길을 더 누리기 위해 속도를 빠르게 내야 하는 1차선에서 잘 달리지 않기 시작했다. 항상 2차선 3차선 즈음에 위치해서 딱 정속으로만 달렸다. 운전이 느긋해진 덕분인지 나의 T맵 점수는 99점을 기록했다. 아무튼 그렇게 정신없이 하루하루를 살다가 어느 날 집에 와서 아내를 봤는데, 아내의 눈빛이 더 이상 빛나질 않았다.

우리 부부는 어렵게 아기를 갖게 되었는데 임신 초기에 유산의 위험이 있다는 이야기를 병원에서 들었다. 우리는 상의 끝에 아내가 바로 산전 휴직을 들어가기로 했다. 그러다 보니 아내는 1년 반을 육아휴직을 하게 되었다. 그런데 하필이면 딱 그 시기가 코로나 발생 시기하고 겹쳤다. 아내는 1년 반의 시간 동안 온종일 집에만 있어야 했다. 아내는 굉장히 우울해 보였다. 원래 아내는 집에서 뜬금없이 혼자 춤을 추고 있거나 갑자기 텐션이 올라서 "여보, 사랑해용!" 하면서 예상치 못한 애교를 부리기도 했는데 그런 모든 모습들은 더 이상 볼 수 없었다. 집에만 있는 시간이 길어지다 보니 아내는 집의 구석구석들을 보며 집이 싫다고 자주 얘기했다. 나는 화장실 거울이나 냉장고 등등 눈에 띄는 곳들을 매일 닦고, 집 안을 가능한 깔끔하게 유지하려 노력했다. 그런 노력에도 불구하고 아내는 점점 기운이 떨어지기 시작했다. 나는 초조해졌다. 아내가 쭈그려 앉아 엉엉 우는 모습을 보던 날, 나는 뭐가 됐든 무조건 변화를 만들어야겠다고 생각했다.

그런데 아무리 생각해 봐도 내가 더는 어떻게 열심히 할 방법이 없었다. 직장에서는 걸어 다닌 적이 거의 없을 정도로 바쁘게 일했고, 집에 돌아와서는 엉덩이를 붙일 시간도 없이 손 씻고 옷만 갈아입고 계속 뭔가 했다. 나를 더 이상 쥐어짜는 건 어려워 보였다. 결국 방법은 아내를 밖으로 내보내는 것, 아내를 출근시키는 것밖에 없어 보였다. 아내에게 운을 띄우자 아내는 머뭇머뭇하면서도 기대하는 표정이 스쳐 지나갔다. 그러면서 아내는 말했다.

"그럼 아기를 어떻게 해? 여보 혼자 이렇게 어린 아기를 보긴 힘들잖아."
"여보가 그렇게 축 처져서 있는 게 나한텐 훨씬 힘들어요. 그냥 나가요 어떻게든 될 거야. 난 못하는 게 없으니까."

나는 아내를 안심시켰고 결국 아내가 출근하기로 했다.

먼저 양가 가족들에게 이 사실을 알렸다. 장인 장모님은 사위가 어지간히 가정에 열심인 사람인 건 알지만 남자가 계속 집에서 아기를 보고 있으면 우울해지고 금방 지치지 않겠냐며 걱정하셨다. 부모님은 걱정을 너무 많이 하실까 봐 다른 얘기는 말씀드리지 않고 아주 조심스럽게 '일을 이렇게 공식적으로 쉴 수 있다니, 인생에서 처음이자 다시 없을 마지막 기회이다.' 하는 방향으로 말씀드렸다. 의외로 엄마는 "그래, 너는 잘할 수 있을 거다. 직장도 그렇게 쉬어가는 것도 괜찮지." 하고 말씀해 주셨다. 양가 부모님은 그렇게 설득이 되었고, 이제 회사가 남았다.

회사에 두 달 후부터 육아휴직을 시작하겠다고 얘기를 했다.
"저… 육아휴직 쓰려 합니다."
"아니 떡 돌린 지 얼마 안 됐잖아? 아직 갓난아기 아니야?"
"아, 갓난아기는 아니고요… 8개월 아기죠."
"뭔 일 있어? 왜 갑자기 육아휴직을 하는데?"
"아내가 너무 힘들어해서 제가 아이 보려고요…."
"아니, 남자가 혼자 그 갓난아기를 온종일 어떻게 봐? 부모님이라도 근처에 계신가?"

"아뇨, 한 시간 반 거리에 계셔요."
"어쩌려고 그래? 힘들 텐데…."

휴직으로 인해 빚어질 직장 내의 다양한 문제에 대해서도 나중에 자세히 함께 얘기하긴 했지만, 먼저 내 개인적인 사정을 물어봐 주고 걱정해 주는 사람들에게 정말 감사했다. 거기에 직장이 육아휴직을 얼마든지 쓸 수 있는 환경이라 나는 정말 복 받은 사람이었다. 그때부터 내가 마구 벌이던 일을 서서히 줄여 나가고, 조금씩 업무를 인수인계하기 시작했다.

소식을 들은 동료들은 엄청나게 걱정하기 시작했다. 거의 다 예상된 반응이었다.

"아니 아기가 아직 어린이집을 가고 있는 것도 아니고 그 어린 아기를 혼자 온종일 어떻게 보냐?"

"야, 그거 진짜 힘들어. 나는 아내랑 같이했는데도 진짜 힘들던데? 아빠 혼자 아기 육아하는 사람 한 번도 못 봤어."

나는 덤덤히 대답했다.

"네, 저도 주변에서 본 적은 없는 거 같아요…. 뭐 어떻게든 될 겁니다."

부모님이 근처에 계신 것도 아니고, 주변에 이렇게 어린 아기를 아빠 혼자 육아하는 지인은 아무도 없었다. 경험을 좀 듣고 어려운 지점들을 미리

파악하고 싶었는데 정보가 너무 없었다. 걱정되는 일이 있거나 해결되지 않는 일이 있으면 관련된 책을 여러 권 사서 보는 게 내 문제 해결 방법이기 때문에 책을 한참 찾아보았다. 그런데 책들조차도 나와 비슷한 사례는 거의 없었다. 아예 육아 방법에 대한 전문 서적이거나, 엄마들이 육아하며 고통받는 얘기들이 많았다. 아빠 육아는 어느 정도 큰아이를 돌보는 내용의 육아 책들이 많았다. 아내와 함께 책을 찾아보다가 아내에게 웃으면서 농담처럼 말했다.

"아니, 왜 아빠들 육아휴직 권장하면서 이렇게 아빠들 육아휴직 관련된 책이 없을까요? 이거 내가 써야겠다. 하하하!"

정말 내가 이렇게 쓰게 될 줄은 몰랐다.

아무튼, 받아놓은 날 다가오듯 한다고 하더니, 아직 꽤 여유가 있다고 생각했는데 육아휴직을 시작하기로 정해진 날짜는 정말 정신없이 다가왔다. 정신 차려 보면 일주일이 흘러 있고, 정신 차려 보면 이 주일이 흘러 있었다. 갑작스레 육아휴직을 하다 보니 뭐가 준비되고 뭐가 준비가 안 된 것인지도 알지 못한 채 남은 날짜는 점점 줄어들었다.

그렇게 아이가 태어난 지 10개월 되던 시점. 아내는 복직했고, 나는 육아휴직을 시작했다.

> **초보 아빠의 한마디**
>
> 육아휴직은 정책이 자주 바뀌니까 그때그때 꼼꼼하게 정책을 확인하시는 게 좋을 듯해요. 그리고 육아휴직을 시작하면, 아기에게 쓰고 싶은 돈은 많고 재정적으로는 제한이 많아져서 육아휴직 시작 전에 가족들과 금전적인 계획을 세워 보시면 좋겠습니다.

아기의 '퉤' 앞에
무너진 요리 자신감

아빠의 육아휴직으로 10개월 아기와 아빠, 둘의 다사다난한 하루하루가 계속되고 있었다. 자잘한 사건 사고들은 상당히 많았지만 아기와 아빠의 생활은 그런대로 순항 중이었다. 그 와중에 아기의 유아식을 매일 세 끼씩 꼬박꼬박 만들다 보니, 내 요리 실력은 빠르게 향상되었다. 여기서 빠르게 향상되었다는 것은, 워낙 미천한 실력에서는 실력이 느는 것이 빠르게 보이기 때문이라고 보는 게 맞겠다. 어쨌든 아주 초보에서 아마추어로 나아갈 때 많은 사람이 그런 것처럼, 나 또한 어림없는 실력으로 서서히 요리에 자신감이 붙기 시작했다.

"아빠 요리 엄청 맛있지?"

의심스러운 표정으로 내 요리를 먹고 있는 아기에게 항상 혼자 묻고 혼자 으쓱하곤 했다. 아기는 대답을 못하니 말이다.

그런데 가끔 간이 좀 짜게 되거나 뭔가 나사가 빠진 거 같은 음식을 내어

주어도 "여보 내 인생 요리야, 우리 남편 최고다."라고 말해주는 아내와 아기는 매우 달랐다. 한 가지 이해할 수 없었던 점은, 아내는 말은 저렇게 하면서 배가 아프다는 둥 하며 음식을 남기고, 뒤돌아 한숨을 쉬는 것이 발각되는 등 이상한 행동을 했다. 아무튼 아기는 일류 맛 평가사처럼 자신의 취향을 아주 명확하게 표현했다.

아기는 어차피 내가 요리를 하는 동안 주방 옆에서 계속 진을 치고 있었다. 슬슬 "에…! 에…!" 하면서 짜증을 끌어올리는 아기를 보면 요리하는 내 마음이 너무 초조해졌다. 잠시라도 시간을 끌고자 아직 완성되지 않은 요리를 "호호" 불어서 그 작은 입에 넣어 주면 이미 많은 것이 판가름이 되었다. 맛있으면 한 손에 이불, 한 손에 토끼 인형을 쥐고 질질 끌며 더 가까이 다가와서 새 부리 같은 입을 쩍 벌렸다. 이럴 때는 요리하는 맛이 났다. 어떨 때는 요리가 다 되기도 전에 아기가 한 입씩 계속 더 달라고 보채서 제대로 차려지기도 전에 요리가 동날 때도 있었다.

문제는 아기 입맛에 맞지 않을 때였다. 일단 아기는 요리 재료에 굉장히 까다로웠다. 아기는 대부분의 아기처럼 거의 모든 종류의 야채를 좋아하지 않았고, 나를 가장 어렵게 만들었던 것은 계란을 먹지 않는다는 점이었다. 계란이 빠지면 할 수 있는 요리의 가짓수는 현저하게 줄어들고, 매일 세끼를 만들어야 하는 요리의 난이도는 급등했다. 그때였다. 예전에 무슨 드라

마인지 기억도 나지 않지만, 그냥 스쳐 지나가며 본 장면이 떠올랐다. 어떤 남자가 야채를 잘게 썰어 맛있게 요리를 해주니, 그 요리를 대접받은 여자가 말했다.

"원래 이 재료들은 먹지 않는데 이렇게 해주니까 먹게 되네요?! <u>호호호호</u>."

물론 대사가 이렇게 어색하진 않았을 것이다. 아무튼 '내가 맛있게 요리해 주면 아기도 먹게 될 거야.' 부쩍 올라 있던 요리에 대한 자신감이 나를 취하게 만들었다.

평범한 계란찜을 처음 내밀었을 때 아기의 거절은 굉장히 단호했다. 고개를 '홱!' 옆으로 돌리고 양손을 앞으로 내밀어서 거절의 의사를 확실히 밝혔다. 나도 어디서 본 건 있어서 숟가락에 계란찜을 올리고 "비행기 간다~ 슈우우우웅~"을 해봤는데 아기는 흥미롭다는 듯이 잠시 쳐다보다가 입 근처로 계란찜이 오자 다시 고개를 '홱' 돌려버렸다. 아기의 식욕과 경쟁심을 돋우기 위해 아기 앞에서 '음, 맛있다!' 하며 계란찜을 와구와구 먹으며 아기의 눈치를 봤으나 아기는 '응, 맛있으면 아빠 실컷 다 드셔요.' 하는 표정으로 나를 바라보고 있었다.

계란 먹이기를 포기하고 싶지 않았던 나는 '계란찜 푸딩'을 만들기로 했다. 일반적인 계란찜과 다르게 굉장히 손이 많이 가는 작업이었다. 아기가 잠시 자는 동안 계란을 풀고 계란을 체에 걸러내고 우유와 함께 약불에 보글보글 끓이며 아기가 맛있게 먹는 모습을 상상했다. 냄새부터가 이미 보증된 맛있는 음식이었다. 설레는 마음으로 아기에게 계란찜 푸딩을 대접했다. 아기는 인상을 팍팍 쓰다가 가까스로 한 입을 텁 물더니, 바로 입을 쩍 벌리고 침과 함께 우루루루루 계란찜 푸딩을 쏟아냈다.

"아냐, 공주야 씹지 않아 봐서 그래. 이거 입에서 거의 녹는다니까? 제발 한 입만 오물오물해 보자." 우여곡절 끝에 한 입을 더 먹였는데 이번에는 '퉤!' 하며 계란찜 푸딩을 뱉어 버렸다. 그리고는 사납게 계란찜 푸딩이 담긴 그릇을 팔로 쳐버렸다. 바닥에 떨어진 계란찜 푸딩처럼 아빠의 요리부심도 무너져 내렸다.

그 이후로도 여러 공 들인 음식들이 아기에게 거절당했다. 오징어와 야채를 갈아서 만든 오징어 동그랑땡이나 토마토를 직접 갈아 만든 토마토 스파게티, 시금치 리조또 등등이다. 나는 아기의 완강한 거절에 상당한 충격을 받았고 그럼에도 '갈수록 거절에 익숙해지겠지.' 싶었다. 하지만 오늘 아침에도 홍게살 볶음밥을 한 입만 먹고 '퉤!'를 하는 아기를 보며 또다시 아빠의 요리부심은 무너졌다.

'뱉어도 좋으니까 제발 먹어 보기라도 해 줘…'

그녀들의 사랑을
다 앗아간 임영웅

아기를 만나기 전부터 아내와 함께 확고하게 다짐했던 것 중 하나는 '영상 매체에 아기를 너무 노출하지 말자'였다. 분명 어려운 길이 될 거로 생각하긴 했지만 그건 가능한 지키기로 서로 다독였다. 두 돌이 될 때까지 아기가 식당이나 병원 같은 곳에서 우연히 TV를 접한 것 말고 집에서 TV를 본 것은 딱 두 번이다. 두 번째는 이대호 선수의 은퇴 경기 일부이고, 시작은 이러했다.

장모님은 살면서 어떤 연예인을 크게 좋아하신 적이 없다고 분명 나에게 말씀하셨었다.
"연예인들 뭐…. 내가 이 나이에 좋아할 게 있나?"
그런데 어느 날부터인가 처가를 가면 자꾸 가수 임영웅의 노래가 들려오기 시작했다. 그렇게 임영웅이 서서히 장모님께 스며들기 시작하더니 어느 순간부터 임영웅을 부르는 어머님의 표현이 '우리 영웅이가'로 바뀌었다.

"어머님 언제부터 임영웅 씨가 아니고 임영웅도 아니고 우리 영웅이에요?"

나는 장모님께 시기 가득한 말을 해댔으나 장모님은 그저 웃고 마셨다.

심지어 임영웅의 달력을 가지고 싶다고 하셔서 임영웅 달력을 찾아서 사드렸다. 그런데 그 이후로 달력을 너무 좋아하시기에

"임영웅 굿즈 좀 사 드릴까요?" 했더니,

"에이, 뭐 그런 데에 돈을 쓰나…." 하시고는 잠시 후에

"뭐가 있는데…?" 하며 슬쩍 떠보시는 게 아닌가. 이건 사실 내가 예상했던 반응이 아니었다. 그래서 장모님께 커다란 임영웅 인형과 작은 임영웅 사진이 들어간 컵을 사다 드렸다. 그랬더니 소녀 같은 표정을 하시며 기뻐하시는 게 아닌가. 세상에… 나는 효도가 이렇게 쉬운 일인지 몰랐다.

그쯤 되니 귀엽고 사랑스럽고 듬직하다고 '스스로' 생각하는 사위로서 위기감이 들기 시작했다. 사위 사랑은 장모라는데, 나만 '우리 사위'로서 '우리'의 굳건한 위치를 차지한 줄 알았다. 그런데 임영웅이 '우리 영웅이'가 되더니 이제는 나랑 아내, 아기 사진만큼이나 임영웅 굿즈들이 처가 집안 곳곳에 들어차기 시작했기 때문이다.

"어머님, 사위가 잘생겼어요? 우리 영웅이가 잘생겼어요?"

어머님은 후다닥 자리를 피하시며 대답을 회피하셨다.

"어머님, 우리 영웅이는 지금 콘서트 투어 다니는 중이고 저는 지금 어머님 바로 앞에 있잖아요?" 재차 여쭤보았으나 대답을 들을 수 없었다.

아무튼 그렇게 장모님이 임영웅에게 흠뻑 빠져드시곤, 어느 날 티*에서 임영웅 콘서트를 라이브로 중계해 준다고 했다. 이번엔 장모님의 대답을 쉽게 예상할 수 있었으나, 형식적으로 여쭤는 봤다. "어머님 코로나 걱정되신다고 하셔서 임영웅 콘서트 보내드리지도 못했는데, 이번에 티*에서 라이브로 콘서트 중계해 준대요. 댁에 노트북 들고 가서 TV 연결해서 같이 볼까요?"

장모님은 아주 기뻐하셨다. 그 길로 티* 구독권을 결제하고 노트북을 챙겨서 온 가족이 처갓집으로 향했다. 임영웅 콘서트가 오후에 진행됐으므로, 아기를 따로 떼어놓을 수가 없었다. 그래서 우리 부부는 '그리 역동적이지 않은 화면이니 아기가 봐도 괜찮은 거고 좋은 음악을 들으면 아기 녀석에게도 도움이 되겠지.'라고 애써 생각하며 함께 콘서트 영상을 봤다. 10개월 된 아기가 난생처음으로 TV를 보기 시작했다.

아기는 우리가 장난으로 TV 맞은편 방향으로 몸을 돌려놔도 목만 간신히 돌려서 TV를 봤다. 아기 얼굴 앞에 얼굴을 들이밀고 '까꿍'을 외치자 한 손으로 거세게 내 얼굴을 옆으로 치워버리고 임영웅 콘서트를 봤다. 심지어 임영웅의 얼굴이 클로즈업되는 순간, 갑자기 슬며시 미소를 띠기까지

하는 게 아닌가. 나를 볼 때 화난 앵그리 버드처럼 눈썹을 추켜세우던 아기의 모습은 찾을 수 없었다.

그렇게 장모님, 아내, 딸까지 세 여자가 TV 앞에 쪼르륵 앉아 그 매력이 넘치는 남자를 뚫어져라 보고 있는 모습을 나는 멀찍이 소파에 앉아 쓸쓸하게 바라볼 수밖에 없었다.

매일 유아식 세끼를
만들기 시작하다

"엄마 다녀오세요!"

아내가 출근을 시작했다. 이제 막 10개월이 된 아기와 35세 아빠만 집에 덩그러니 남았다.

"공주야, 너 아침밥 먹어야 하는데 뭐 먹냐?"

냉장고를 뒤적뒤적하다가 자연스럽게 머리를 긁적이게 됐다. 다시 냉장고를 열어 보며 끙끙거리다가 옆을 슬쩍 봤다. 아기는 혼자 앉아보려다 뒤로 벌러덩 넘어가고 있었다.

"공주야, 아침은 원래 거하게 먹는 거 아니야… 그렇지?"

"일단, 오늘 아침은 삶은 고구마 먹고 오후부터는 아빠가 일류 요리를 해줄게."

아이가 돌 즈음이 되어 혼자 밥을 먹을 수는 있게 되자, 하루하루는 정말 밥과의 전쟁이었다. 아직은 다른 것은 욕심내지 않는 나였지만, 먹는 것

하나는 좀 제대로 먹이고 싶었다. 그런데 이 '제대로'라는 것이 정말 범위가 한도 끝도 없는 일이었다. 이제 죽을 막 뗀 아기가 어디까지 먹을 수 있는지, 간은 어느 정도 하면 되는지, 매운 건 먹을 수 있는 건지도 아는 것이 없는 상황이었다. 어떻게 해야 잘 먹이는 것일까 고민이 되어 인터넷에서 한참 검색하다 보니 어느 정도 감은 잡혔다. 하지만 육아 블로거들의 요리들을 보면서, '아주 잘 먹이겠다'는 각오는 점차 사그라들었다. 유명한 육아 블로거들이 차려주는 밥상을 보면 '와 내가 저 아기였으면 좋겠다'는 생각이 절로 들었다.

그 블로거들은 끼니마다 진수성찬을 아기들에게 먹였다. 나는 살면서 먹어 본 적도 없는 재료들을 사용했고, 거기에다가 간도 제대로 하지 못하는 제한된 상황에서 밥새우니 다시마 육수니 해물 육수니 하는 것들을 최대한 활용해서 낼 수 있는 최선의 결과물들을 만들어냈다. 잔칫상처럼 일회성이라면 무리해서 할 수 있겠다고 생각했지만, 이건 앞으로 매일 벌어질 일이고 거기에다 하루에 세 번 일어나는 일이었다. 더군다나 우리 부부는 아침밥은 가볍게 먹었지만 내 밥과 저녁에 일에서 돌아올 아내의 밥까지 생각하면 하루에 대여섯 끼의 식사를 준비해야 하는 모양새였다.

아기가 먹는 양은 정말 적었다. 반찬 가짓수는 4~5개는 해 주는데, 쪼끔 쪼끔씩 요리를 해내는 게 너무 어렵게 느껴졌다. 나는 결국, 엄청난 양을 만들어 놓고 팩에다가 소분해서 일부는 냉장실에, 일부는 냉동실에 넣어 놓는 방법을 쓰기로 했다. 예를 들면 이런 식이었다. 소고기 양지나 사태, 국거리 고기 잔뜩 사서 들통에다가 몇 시간 끓이고 양지나 사태는 꺼내 놨다가 식으면 찢어서 들통에서 끓인 국물 몇 국자 넣고 간장 몇 방울, 사과즙을 아주 조금 넣고 조려서 장조림을 만든다.

들통에 국물을 몇 국자 떠서 그 육수에다가 콩나물이나 시금치를 대충 데치고 들기름에 무쳐서 준다. 나머지 국거리 고기가 남아 있는 거대한 통에다가 미역 왕창 넣고 다시마 좀 넣고 미역국을 끓여서 식힌 후에 팩에다 소분해서 냉동실에 넣었다.

닭도 한꺼번에 두세 마리를 산 다음에, 한 번에 다 들통에 넣고 끓였다. 그리고 다리만 꺼내어 물기를 제거했다. 그다음 프라이팬에 닭다리와 버터를 넣고 구웠다. 닭다리가 살짝 그을리듯 구워지면 끓인 육수를 국자로 몇 국자 넣고 간장 조금과 야채를 조금 썰어 넣어 조렸다. 그리고 아기에게 조린 닭다리를 쥐여 주었다. 퍽퍽 살 일부는 또 건져내어 앞에 설명한 소고기 장조림과 똑같은 방법으로 닭고기 장조림을 만들어 냉장실에 보관했다. 나머지 들통에 남아 있는 국물과 닭고기에 무와 파, 다시마를 집어넣어서 좀 더 끓이고 닭곰탕으로 내어주었다.

이런 방법으로 맛을 보장할 수는 없지만, 한 번 들통을 끓이면 몇 가지 반찬을 만들 수 있었다. 거의 모든 요리가 이런 식이었다. 많이 만들고, 소분해서 냉장실, 냉동실에 넣고 조금씩 꺼내어서 데워 먹였다. 아내의 밥은 아기를 먹이기 위해 만들어 놓은 국에다가 채소와 소스를 더 넣어서 주기도 했고, 빨리 만들 수 있지만 영양은 충분한 김치볶음밥이나 야채전 등을 주로 해줬다. 아기가 커 갈수록, 밥을 준비하는 시간은 점점 고난도가 되었다. 돌 전에는 아기는 기어 다니는 수준에 불과했기 때문에 주방으로 오는 것을 제지하기가 쉬웠다. 주방 자체에 큰 관심을 가지지 않기도 했고. 그래서 특식을 종종 준비해 줄 여유가 있기도 했다. 그런데 점차 개월 수가 늘어가자 상황은 달라지기 시작했다. 처음에는 한쪽 팔로 아기를 안고 다른 한쪽 팔로 요리를 하고 있으면 아기는 신기한지 잠자코 요리하는 장면을 구경하고 있었다. 그래서 아기 무게에 얼얼해진 내 팔 하나만 포기하면 된다고 생각했다. 하지만 점차 아기는 그 위험한 조리 도구들을 굳이 하나씩 다 체험하고 싶어 했다. 걱정되어 아기를 안고 있던 한쪽 팔을 조리 도구들에서 멀리 떨어뜨리면 엉덩이를 앞뒤로 흔들어 대면서 "으어으어!" 소리 지르고 얼굴은 벌겋게 터질 듯 폭발할 준비를 하곤 했다. 결국 엉덩이를 내 한쪽 팔 위에서 사정없이 앞뒤로 흔들어 재끼며 소리 지르는 아기를 견디지 못해 땅에 내려놓았다. 그러면 아기는 요리하는 내 다리를 붙잡고 떼를 쓰기 시작했다.

"공주야, 아빠 밥이 아니고 너 먹이려고 하는거잖냐아아, 금방 이거 데우기만 하면 되니까 잠깐만.", "여기 기름이 팡팡 튀는데 이리 오면 어떡하냐? 너 기름 단 한 방울만 맞아도 웅예 하고 막 운다. 제발 가까이 오지 마."

애교를 부리고 정색하고 애걸해도 아기에겐 소용이 없었다. 아기는 그저 아빠가 요리하고 있는 뜨거운 주방으로 소리를 지르며 요란하게 돌격할 뿐이었다.

오늘도 울고 떼쓰며 달려드는 아기를 한쪽 팔로 저지하다, 날이 갈수록 거세지는 아기의 힘에, 기쁘기도 하고 무섭기도 한 하루하루를 맞이하고 있다.

> **초보 아빠의 한마디**
>
> 아기가 나트륨을 많이 섭취하면 신장에 무리가 되고 그게 기타 질병으로 이어질 수 있다고 해요. 그래서 따로 소금 간을 하는 게 아니라, 재료에 속한 나트륨만 섭취합니다. 두 돌 전까지는 간이 된 음식을 제한하는 것이 좋다고 하는데, 밥태기(밥 안 먹는 시기)가 오니 참기가 어렵더라고요. 저는 돌 이후부터는 어느 정도 간이 된 음식을 먹였습니다.

문화센터에 퍼지는 굵직한 목소리

"가… 가보자 공주야…."

그나마 운이 좋았던 점은 아기가 10개월일 때, 아내는 운전하지 못했다는 점이다. 지금은 아내가 차를 끌고 출근을 한다. 그래서 당시에 나는 차를 이용해서 백화점 문화센터를 갈 수 있었다. 문화센터를 가기 위해 준비하는 과정은 다사다난했으나 일단 아기를 카시트에 태우고 출발하면 기분은 좋았다. 나는 오후의 노란색 햇빛을 싫어해서, 문화센터도 10시, 11시 이런 오전 시간대로만 잡았다. 평일 아침에 느긋하게 운전하며 백화점으로 향하고 있으니 이것이 상팔자구나 싶었다. 평일 아침인데도 불구하고 백화점 주차장에 진입하기 위해 차들이 줄줄이 늘어서 있었다. '우리나라에 엄청 부자가 많아서 다 놀고 있는 것이거나, 다 육아휴직 중인 사람들인가 보다.' 육아휴직자 눈에는 육아휴직자만 보이니까. 아무튼 아기를 품에 안고 문화센터로 향했다. 문화센터에 다가가자 아기들 소리가 점점 크게 들려왔다. 라운지에 도착했을 때는 그 북적임에 상당히 놀랐다. 할머니, 엄마, 어린이, 아기 그리고 간혹가다가 아빠들도 보였다. 어디 앉기도 애매해서 아기를 안은 채로 그냥 서성서성 서서 기다리다가 시계를 보니 얼추 시간이 되었다. 몇몇 엄마들도 슬슬 강의실로 이동하는 게 보였다.

'자, 가봅시다. 엄마, 아빠들!' 나는 씩씩하게 강의실로 향했다. 그런데 라운지에 있던 안 그래도 몇 없던 아빠들은 핸드폰을 보며 그냥 자리에 앉아 있었다. '자, 아빠들 갑시다!', '잉?!' 그렇게 입실한 강의실에는 15명 정도 되는 인원 중에 나만 아빠였다. 강의실에 들어서는 순간 엄마들의 시선이 잠시 나에게 왔다가 못 볼 걸 봤다는 듯 빠르게 자신의 아이에게로 다시 돌아가곤 했다. 아무튼 그렇게 문화센터 오감 놀이가 시작되었다.

"자 엄마들 아기를 매트 위에 앉혀…."

선생님이 말씀하시다가 나를 힐끗 쳐다보시고 잠시 흠칫하시더니 다시 말씀하셨다.

"엄마, 아빠, 아기를 매트 위에 앉혀 주세요."

그 후로 선생님은 자연스럽게 "엄마… 해주세요!" 하며 얘기를 하시다가 어쩐지 힘쓰는 일들이 있을 때마다 "엄마, 아! 빠! 이거 정리해 주세요" 하시는 거 같다는 묘한 느낌도 들었다.

내가 정말 하기 어려웠던 건 아기의 출석을 부를 때 대답하는 것이었다. 아기의 이름을 부르면 이 어린 아기들은 대답하지 못하므로 엄마, 아빠들이 "네!" 하고 아기 대신 대답을 한다. 그런데 엄마들은 어색하지 않게 아기 목소리처럼 "네!" 하고 꾀꼬리같이 대답들을 잘했다. 한 사람씩 순조롭게 꾀꼬리같이 대답하고 서서히 내 차례가 다가오고 있었다. '나는 도대체 어떤 소리를 내야 한단 말인가?', '내 안에 저런 꾀꼬리가 있긴 있는가?' 여러모로 생각해 봤지만 내 안에는 저런 꾀꼬리가 없는 거 같았다. 내 목소리치고는 꽤 부드럽게 "네!" 하고 대답한다고 했는데 굵직한 목소리가 왕왕 퍼져나가자 강의실 안에는 잠시 정적이 흘렀다. 아기 중에는 '흠칫!' 하며 나를 쳐다보는 아기도 있었다. 지금도 락커들이 고음을 내지를 때처럼 씩씩하게 고음으로 "네엑엑!" 하고 대답할 수는 있지만, 꾀꼬리같이 예쁜 목소리로 대답하기는 여전히 쉽지 않은 일이다.

그리고 무엇보다 나를 자주 당황하게 했던 것은 아기들의 반응이었다. 문화센터에 아빠는 나 혼자고 엄마들만 있다 보니 아기들은 신기한지 자꾸만 나에게 왔다. "압빠!" 하면서 달려오는 아기들도 있었고 여러 유형의 아기들이 있었는데 그중, 나를 가장 힘들게 한 유형은 '망부석 유형'이었다. 이런 유형의 아기들은 내 앞으로 걸어와서 아무 말도 없이 무표정하게 가만히 나를 쳐다보고 있었다. 잠시 정적이 흘렀다.

"우와아아! 아기 너무 예쁘게 생겼다! 공주야 친구인가 봐, 인사해! 안녕?"

나는 다급히 공주에게 도움의 손길을 요청했는데 공주는 먼 산 보듯 딴

데만 쳐다보고 있었다.

"우와 너 되게 똑똑해 보인다. 어쩜 이렇게 눈망울이 초롱초롱하지?!"

정적이 흘렀다. 아기는 여전히 무표정으로 가만히 나를 쳐다보고 있다.

"그… 그렇지 공주야?"

공주는 여전히 무표정으로 먼 산만 보고 있었다. 내 눈동자는 갈 곳을 잃고 무슨 말을 더해야 할까 고민하고 있을 때쯤 그 아기의 엄마가 나타났다.

"어머, 죄송해요."

그 엄마는 아기를 뒤에서 안고 자리로 데리고 갔다. 아기는 엄마에게 안겨서 끌려가는 와중에도 무표정하게 계속 나를 바라보고 있었다.

"자… 잘 가, 애기야…."

망부석 유형의 아기들이 굳이 먼 곳에서 다가와서 나를 손가락으로 가리키며 내 앞에서 가만히 서 있으면 나는 아기가 귀엽다는 생각은 하면서도 할 말을 찾지 못해 방황했다.

강의를 두 개 신청해서 일주일에 2회씩 문화센터를 한동안 다녔다. 어떤 날은, 대체로 핑크색 톤의 옷을 입고 체격이 굉장히 좋은 아빠가 나타났다. 살짝은 위압적으로 보이는 체격과 외모와는 다르게 그 아빠의 핸드폰에는 아기 사진으로 만든 앙증맞은 핸드그립이 붙어 있었다. 그리고 출석을 부를 때 아기 목소리 그 자체로 꾀꼬리같이 "네!" 하며 그 아빠가 대답하는데, 그때부터 나는 왜인지 그를 신뢰하기 시작했다. 마침 옆자리에 앉았었는데 아쉽게도 늦게 오신 다른 엄마가 옆자리로 들어오신 바람에 한걸음 옆에서 그를 종종 지켜보았다. 계속해서 꾀꼬리 같은 목소리로 아기를 들었다 놨다 하는 그는 진정한 프로였다. '다음엔 꼭 저분 옆에 앉아서 말을 좀 걸어봐야겠다. 친해져 봐야지.' 하고 각오했다. 그러나 그 후로 그분은 다시는 볼 수 없었다.

문화센터를 다니는 동안, 아빠가 한두 번 정도 이벤트성으로 강의실에 들어오는 경우는 있었으나 계속 아기와 함께 출석하는 아빠는 보지 못했다. 아빠가 주 양육자로, 더 많이 아기들 활동에 참여하면 좋겠다.

혹시라도 문화센터에서 뒷머리를 긁적이며 괜히 쓸데없는 말을 거는 이상한 아빠가 있으면 따뜻하게 받아주세요… 외로워서 그래요.

 초보 아빠의 한마디

아기를 데리고 문화센터를 가면, 비슷한 나이대의 아기들이 모여 있어서인지 아기마다 발달 정도의 차이가 두드러지게 보이더라고요. 아기마다 성향도 명확히 드러나고요. 내 아기가 다른 아이들보다 발달이 조금 늦는 거 같은 모습이 보이면 살짝 조바심이 나실 수도 있어요. 당시에 저희 부부도 아기가 앉는 것이나 감정 표현 등이 늦어서 불안했는데, 어느 순간 확 몰아치며 성장하기도 하더라고요.

작은 아파트의
숨은 공간을 찾아라

아기가 생기기 전에 나는 집의 상태에 대해 '무조건 중간만 유지하자'고 생각했다. 집 상태가 너무 반짝반짝 깔끔한 것도 싫고, 그렇다고 너저분한 느낌도 아닌 딱 그냥 편안한 그 중간 정도를 추구했다. 다행히 아내와도 그 깔끔함의 정도가 아주 잘 맞아서 거기서 둘 사이에 어떤 문제도 생기지 않았다. 그러던 중 우리는 아기를 맞이했다.

그런데 아내가 출근하고, 나 홀로 아기를 돌보는 육아휴직을 시작하니 집 안에 많은 것들이 눈에 거슬리기 시작했다. 결혼 초창기에는 꼭 비싼 물건들은 아니더라도 나름대로 인테리어와 쓸모를 생각하며 물건을 들여왔다. 하지만 아기가 생기고 나서 집 구조를 아기에게 맞게 한번 싹 바꾸지 않고 아기의 물건들을 마구 들이다 보니 집은 너무나 어수선해졌다. 이건 청소의 문제가 아니었다. 내가 아무리 청소를 해도 집은 깔끔하게 보이질 않았다. 아기가 생기기 전에 몇 년을 이 집에 살면서도 이 집 구조에 대해 많이 생각해 보질 않았다. 하지만 온종일 집 안에 있다 보니, 작은 것부터 큰 것까지 온갖 것들이 눈에 들어오기 시작했다. 그런데 우리 집은 지어진 지가 몇십 년이 된 집이고, 평수로는 22평이긴 하지만 아주 구축이어서 베란다가 차지하는 공간이 엄청났다. 베란다를 제외하면 마치 원룸처럼 작게 느껴지기도 했다. 거기에 우리 집도 아닌, 세 들어 사는 처지라 큰돈을 들여서 집을 리모델링을 한다거나 비싼 가구를 들이고 싶지는 않았다. 그러다 어느 순간부터 아기를 보면서 '이 집을 어떻게 하면 저렴한 비용으로 깔끔하고 예쁘게 바꿀 수 있을까?' 하는 생각을 가지고 집을 바라보기 시작했다.

아내는 먹는 것에 돈 쓰는 것을 빼면 굉장히 검소한 사람이다. 나는 결혼 전에 프로 지출러였는데 결혼 생활을 시작한 이후로 내 용돈 생활이 시작됐다. 그동안 아내 덕분에 조금씩 돈이 쌓여가는 것을 보고 감사하며 모든 소비 본능을 억누르며 살고 있었다. 그런데 '가족의 더 쾌적한 삶을 위한 지출'이라는 엄청난 명분이 생기면서 나의 소비 본능이 다시 폭발했다. 혹시나 싶어 기분이 좋아 보이는 아내에게 말을 걸었다.

"여보 우리 집이 예뻐지면 우리 모두가 되게 행복해지겠죠?"

"그야 뭐 그렇겠죠."

나는 분위기를 살피며 조심스럽게 말을 이어나갔다.

"내가 되게 좋은 아이디어가 있는데 그게 돈이…"

내 말이 채 끝나기도 전에 아내는 내 말을 잘랐다.

"안 돼."

"아, 그렇구나."

내 적은 용돈의 한도 내에서 최고의 결과물을 만들어내야 했다.

일단은 집의 공간이 넓지 않기 때문에 쓸데없는 것들은 다 갖다 버리기로 했다. 쓸데는 있더라도 필요 이상으로 공간을 차지하는 물건이나 집 구조에 맞지 않는 물건들도 필요 없는 물품으로 분류했다. 팔릴 만한 물건들은 당근마켓에 올렸다. 성격상 당근마켓에 계속 들락날락하면서, 연락이 왔나 확인하는 것을 귀찮아해서 그냥 저렴한 가격에 빨리빨리 다 팔아 버렸다. 그러고도 팔리지 않은 폐기물들이 우수수 쏟아져 나왔다. 그다음으로는 물건을 들일 차례였는데, 전과 다르게 물건을 들일 때는 더욱더 신중하게 몇 가지의 물건만을 들이기로 했다. 한 번 실컷 당근마켓에 팔고, 봉지 봉지 버리는 과정을 겪고 나니 살 때는 쉬워도 버리는 게 얼마나 힘든 일인지 크게 깨닫게 되었기 때문이다. 그래서 줄자를 들고 직접 길이를 재어 보기도 하고, 물건의 색상도 기존에 있던 물건들과 어울릴지도 고민하게 되었다. 그리고 기왕이면 깔끔하게 물건들을 정리할 수 있는 수납공간이 포함된 아이템들을 구매했다. 그동안은 집이 작다고 생각해서 공간 차지가 클 거 같은 아기용 책장이나 아기용 옷장 등은 포기하고 있었다. 하지만 막상 치수 딱 맞게 들여놓으니 오히려 주변이 어수선하지 않게 깔끔하게 정리가 되었다.

우리 부부는 항상 이 집이 너무 좁다며, 얼른 이사하고 싶다고 말하곤 했다. 특히나 식탁을 놓을 자리도 없어서 접었다 폈다 하는 좌식 식탁 하나를 가져다 놓고 쓰고 있었다. 살 때는 좌식 식탁을 접었다 폈다 하며 공간을 확보하겠다는 의도였다. 하지만 시간이 흐르니 밥을 먹을 때마다 식탁을 접었다가 펴기도 귀찮아서 그냥 널찍하게 항상 펼쳐진 상태로 공간을 차지하도록 두고 있었다. 그런데 이 좌식 식탁을 포함해서 공간에 최적화되지 않은 모든 것을 다 팔아버리거나 정리하고 나니, 생각보다 반타원형의 식탁이 집 공간 안에 어색하지 않게 쏙 들어온다는 것을 깨달았다. 그렇게 새 식탁을 놓고 나니 세상에 이렇게 행복할 수가 없었다. 덕분에 아기에게도 높이 조절이 가능한 아기 의자를 사 줘서, 우리 가족 모두가 식탁에 앉아서 식사할 수 있게 되었다. 그전에 우리는 화장실 앞에 있는 좌식 식탁에 쭈그려 앉아서 밥을 먹고 아기는 그 옆에 좌식 의자를 가져다 놓고 후다다닥 밥을 먹이곤 했다. 그땐 그게 어쩔 수 없는 상황이라고 생각했다. 그러다 처음 제대로 된 식탁을 갖추고 아기도 우리 식탁 높이에 맞춘 의자에 앉아 함께 식사하던 그 순간이 잊히지 않는다. 식탁을 닦고 주변을 정리하느라 바빠 그때 거나하게 상을 차리진 못했지만, 의자에 앉아 행복하게 웃는 가족들의 모습을 보는 것은 상당히 울컥하는 일이었다.

아무튼 이 일을 계기로 나는 생각보다 우리 집은 좁지 않으며, 엄청난 가능성이 있다는 사실을 알게 되었다. 결국 집은 몇 달에 걸쳐 조금씩 조금씩 변화를 계속해 왔고, 이제는 나의 능력으로는 더 이상 간추릴 수도, 더 이상 발전시킬 수도 없는 최고로 간결하면서도 만족스러운 공간이 되었다고 생각한다. 아내도 완전히 달라진 공간의 변화에 놀라며 그간의 나의 노고를 인정해 주었다. 물론 아이가 있는 좁은 평수의 집에서 그런 간결하고 깔끔한 느낌을 계속 유지하는 것은 굉장히 어려운 일이었다. 거의 내 남은 체력과 집의 깔끔함을 맞바꾸는 느낌이었다. 아기 밥과 아내의 밥을 위해 잔뜩 꺼내진 식기들은 설거지 후 건조가 되자마자 모두 눈에 띄지 않게 수납함에 들어가야 했으며, 조명이나 소품 등 의도적으로 노출되기를 원하는 일부 물건들 외에는 모두 어딘가에 들어가야 했다. 많은 아기들이 그러하듯, 아기의 취미는 하필이면 정리된 물건들을 하나씩 꺼내는 일이었다. 꺼내고 난 다음에는 정작 그 물건에 별로 관심이 없고 하나씩 꺼내는 과정에서 굉장한 희열을 느끼는 듯했다. 물건을 꺼내는 속도는 아기가 성장하면서 점차 빨라지기 시작하더니 이제는 물건을 분수처럼 흩뿌려대기 시작했다. 그리고 아기라면 응당 그러하듯 우유나 물을 여기저기 뿌리고 다니는 것도 좋아했다. 그러다 보니 나는 항상 아기를 졸졸졸졸 따라다니며 바닥을 닦고 떨어진 것을 줍고 주운 것을 다시 어딘가에 집어넣는 일을 할 수밖에 없었다.

어쨌든 햇살 좋은 어느 날, 나는 소파에 앉아 블루투스 스피커로 울려 퍼지는 잔잔한 음악을 들으며 커피를 한 잔 마시고 창 사이로 쏟아지는 햇살을 만끽하고 있었다. 물론 바로 앞에서 아기는 서랍을 열어 물건을 흩뿌리고 있었지만 애써 눈을 작게 뜨고 보이지 않는 척했다. '이 정도면 정말 이 집에서 큰 비용을 들이지 않고 낼 수 있는 최선의 결과를 낸 것이다. 아기가 막 뛰어다니며 돌아다닐 만한 공간은 아니지만 그래도 이 정도면… 좋다!' 그런데 그 순간 한 공간이 눈에 들어왔다. 그것은 베란다였다.

베란다도
우리 집이다

'아니 베란다가 저렇게 넓은데 내가 그동안 베란다에 너무 무심했구나!' 활동량이 많아진 아기에게 베란다는 최적의 공간처럼 보였다. 어쨌거나 저기도 우리 집이니까 말이다. 거기에 마침 날씨도 서서히 따뜻해지고 있었다. 물론 워낙 구축 베란다이다 보니 저기를 잘 활용해야겠다고 생각하기가 참 쉽지 않았다. 베란다는 적색 타일들로 덮여 있어 굉장히 차갑고 공격적인 느낌을 주고 있었다. 거기에 거실에서 베란다로 이어지는 문턱은 높낮이 차가 꽤 컸다. 그 외에 베란다에는 방치된 물건들도 굉장히 많았다. 방치된 물건뿐 아니라 세탁기가 있었고 그 위에 건조기가 있었다. 분리수거 통도 있었다. 그 앞으로는 화분들이 죽 늘어져 있었다. 결혼할 때, 나는 집을 초록초록한 에너지로 가득 채우고 싶었다. 그래서 꽃이 피는 화분보다는 공기정화 식물들을 하나씩 들이기 시작해서 어느새인가 화분이 굉장히 많아졌다. 거기에 식물들을 키우기 위한 여분의 화분, 배양토, 모종삽 등 다양한 식물 키우기와 관련된 물건들까지 있었다. 아무튼 베란다는 이것저것 잔뜩 쌓여 있는, 단순히 저장을 위한 공간이었다.

뭐부터 손댈까 하다가 눈물을 머금고 식물들을 보내기로 했다. 장인 장모님을 집에 모셔서 원하시는 화분을 가지고 가시라고 했다. 그렇게 없어진 몇몇 화분의 공백을 보며 마음이 쓰라리긴 했지만 다시 마음을 잡았다. 나머지 화분들은 식물이라면 그저 좋아하시는 부모님께 허락을 받고 전부 옮겨 드렸다. 그 외에 상당히 쌓여 있던 잡동사니 물건들은 전부 다 갖다 버렸다. 정말 진땀 빼는 작업이었는데 막상 하고 나서 훤해진 베란다를 보니 기분이 좋았다.

다음으로는 저 위협적이고 공격적인 적색 타일을 가리고 아기가 슬리퍼를 신지 않고 맨발로 돌아다닐 수 있도록 뭔가를 베란다에 깔아 주어야 했다. 한참 여러 대안을 찾다 보니 나무데크가 눈에 띄었다. 이미 많은 사람이 베란다나 슬리퍼를 신고 들어가야 하는 공간에 나무데크를 깔아 놓고 맨발로 다니고 있다는 걸 뒤늦게 알게 되었다. 내가 최종적으로 설정한 베란다의 모습은 이랬다. 일단 베란다에 가능한 한 넓게 나무데크를 깐다. 그리고 나무데크를 넣을 수 없는 작은 틈 사이의 공간들에는 3~4cm 정도 되는 하얀색 돌들을 깔기로 했다. 아기가 밟지 않았으면 하는 공간, 예를 들면 분리수거 통 앞 공간이나 베란다 창문 바로 앞에도 흰색 돌을 깔기로 했다. 인터넷 후기들을 검색해 봤는데 나무데크가 관리가 잘 안 된다고 하기도 하고 데크 밑에 곰팡이가 슬기도 한다는 등 여러 의견들이 있었다. '어차피 문제가 생기면 해체해서 물청소 해버리면 그만이지 뭐.' 하며 나무데크와 흰 돌들을 과감하게 주문했다.

베란다가 넓다 보니 대충 총예산이 15만 원 정도 나오는 작업이었다. 평상시 용돈 상태라면 감당할 수도 없을 비용이었지만 마침 그달에 추가로 들어온 돈 10만 원을 아내가 쓰라고 해주었다. 기쁜 마음으로 주문을 했고 데크와 돌이 도착하자 아기와 함께 뛰어나갔다. 아기도 신기한 듯 옆에서 물건들을 하나씩 만져보고 있었다. 하얀 돌들은 씻지도 않았는데 아기가 콧김을 막 뿜으며 만져대길래 일단 돌부터 빠르게 물로 씻어서 아기에게 주었다. 데크를 하나하나씩 연결하며 데크의 공간이 점점 넓어지자 아기는 나의 의도를 눈치 챘는지 거실에서 베란다로 나오겠다며 소리를 지르고 있었다. 그래서 베란다에 데크가 설치된 곳으로 아기를 내려주자 데크를 꾹꾹 밟아보면서 돌아다니기 시작했다.

그렇게 베란다에 데크를 다 깔고 데크로 채우기 힘든 공간들은 흰색 돌들로 채웠다. 이 작업을 끝내고 무엇보다 가장 기뻤던 것은 아기가 베란다에 서서 창밖으로 바깥 풍경을 보기 시작했다는 점이다. 처가는 베란다 확장 공사를 했다. 그래서 처가를 갈 때마다 아기는 걸림 없이 거실 창으로 가 베란다 창에 손을 짚고 서서 바깥을 한참이나 구경하곤 했다. 반면 우리 집은 베란다에 나가지 못하게 했었으니 아기가 거실에서 혼자 창 바깥을 볼 방법이 없었다. 넓은 베란다에 가려져서 키가 작은 아기는 바깥이 잘 보이지 않았기 때문이다. 그런데 베란다에 데크를 깔고 나니 아기가 베란다로 뛰어나가 바깥을 구경하는 시간이 엄청나게 많아졌다.

  집이 크지 않으니 내가 꿈꾸던 아기 전용 인디언 텐트도 언감생심이었다. 인디언 텐트는 보기보다 의외로 차지하는 공간이 꽤 커서 거실에 들이면 아기가 돌아다닐 공간이 충분히 나오질 않았다. 베란다에 데크로 공간이 만들어지자 인디언 텐트를 살 수 있었다. 그 안에 장난감들을 좀 가져다 두니 거실에 넘쳐서 감당이 잘 안 되던 장난감들이 깔끔하게 정리가 되었다. 주방 놀이 세트도 바깥으로 가져다 두었다. 거실도 넓어 보이고 아기는 놀 수 있는 공간이 추가되다 보니 틈만 나면 베란다로 나가서 놀았다. 베란다에서 놀다가 바깥에 있는 사람들 구경을 하기도 했다. 그렇게 요새 아기는 일과의 3분의 1 가까이 베란다에서 노는 거 같다. 그리고 우리 부녀가 정말 많이 하는 것은 거실에서 베란다로 나가는 문턱에 둘이 나란히 앉아 바깥을 구경하는 일이다. 아기는 한 자세로 오랫동안 가만히 있는 일이 잘 없는데, 이상하게 이 문턱에 둘이 같이 끼겨 앉아서 바깥을 볼 때면 꽤 긴 시간을 앉아 있다.
  "공주야, 저기 공주가 좋아하는 하얀색 강아지 달려간다!"
  지나가는 사람들이나 반려견들을 보고 말하면 아기는 또 신나서 앙팔을 번쩍 들고 "쁴쁴!!" 하고 외쳐대곤 했다.

아마 원래부터 베란다 확장 공사가 된 집에 들어가 있던 부모들은 이 감정을 잘 이해하지 못할지도 모르겠다. 결핍되었던 것이 어느 정도 해결되었기 때문에 이토록 소중하게 느껴질 수도 있다. 아기랑 둘이 문턱에 꼭 붙어 앉아서 햇살이 좋으면 베란다 창을 열어 놓고 햇빛을 맞고, 비가 오면 비가 데크를 다 적실까 봐 데크에 수건 깔아 놓고 빗소리를 듣는다. 사람들 다니는 모습을 보며 한마디씩 하고 있으면 잔잔한 행복감이 차오른다.

역시 사람은 구하는 만큼 보인다고 아기를 만나기 전 나에게 베란다는 분명 당장 필요하지 않은 물건들을 쌓아 놓는 저장 공간이었다. 하지만 활동량이 늘어난 아기를 위해서 뭐라도 해주고 싶은 마음으로 둘러보다 보니, 크게 힘든 일은 아니지만 우리 가족에게는 상당히 큰 문제가 해결되었다. 내가 생각하는 최선은 언제나 최선이 아닐지도 모른다. 항상 아기를 위한 더 나은 방법이 있진 않을지 눈 크게 뜨고 살펴볼 생각이다.

'캬!'
가족 저녁 파티 속 아기는

우연히 집어 들게 되었던 서은국 저자의 『행복의 기원』이라는 책은 묵직한 주제인 행복에 대해서 다룬다. 행복에 대해 길고 긴 추적 끝에 저자가 내린 최고로 행복한 순간은 이것이다. 내가 좋아하는 사람들과 함께 밥을 먹는 순간. 최근 연구에 따르면 행복 유전자가 따로 있어서 행복할 수 있는 사람은 이미 어느 정도 타고났다는 발표도 있다. 뭐가 사실이든, 나는 어릴 때부터 부모님께 정말 귀에 못이 박히도록 행복에 대해 강제 세뇌를 당했다. 부모님은 항상 '가족과 함께 맛있는 거 먹는 저녁'이 세상에서 가장 행복한 것이라고 말씀하셨다. 거기에 술까지 곁들이면 더 좋고. 세상 피곤한 일을 하시다가도 집에 돌아오셔서 가족들과 둘러앉아 맛있는 저녁과 술 한 잔 마시면 부모님은 세상 행복한 표정을 하셨다. "인생 뭐 별거 없다. 가족들과 맛있는 거 먹는 거, 이게 행복이지." 하는 말도 빼놓지 않으셨다.

나는 우리 집을 '술 권하는 가족'이라고 부르곤 했는데 특이할 정도로 술을 자주 권했다. 그건 지금까지도 이어지고 있다. 고등학교 때, 뒤늦게 시작한 공부에 불이 붙어 치열하게 공부를 하고 있을 때도 오히려 아버지가 가끔 "너 술 한 잔 마실래? 부모님이랑 한 잔 정도는 괜찮아." 하고 물어보시기도 했다. 그때는 '아니 도대체 무슨 말씀을 하시는 거지?' 하며 됐다고 거절했다. 성인이 되고는 밖에서 놀다가도 허구한 날 술을 사 들고 집에 돌아가서 부모님이랑 술을 마셨다. 내가 부모님을 존경하는 이유 중 하나는, 이런 이야기들을 하면 술 냄새가 풀풀 나는 집을 생각하기 쉬운데, 부모님은 단 한 번도 내 앞에서 술에 만취해서 이상한 모습을 보이신 적이 없다. 안타깝게도 나는 술을 좋아하는 성향만 부모님께 받고, 상당히 자주 술에 취하곤 했다.

아무튼 가족들이 이렇게 저녁 식사에 진심인 만큼, 가족들의 불타는 저녁 식사 자리에서 이 아기 녀석이 어떤 반응을 할지 가족들 모두가 궁금해하기 시작했다. 그도 그럴 것이 아기의 성격은 상당히 특이한 점이 있었기 때문이다. 아기는 아주 완벽히 웃길 때만 "캬캭!" 하고 웃어주고 대체로는 얼음 같은 무표정 그 자체였다. 하지만 그 와중에 조용해 보이지만 의외로 흥은 많은 아내를 닮아서인지, 세상 관심 없다는 듯 시크한 표정을 하고도 신나는 음악이 들려오면 양팔을 번쩍 들고 절묘하게 리듬을 타는 독특한 취향도 있었다. 아주 어릴 때부터 품에 안겨서 지나가다가도 흥겨운 음악 소리가 들리면 그 무표정한 얼굴로 팔은 번쩍 들어 리듬을 탔다. 아기가 돌이 지나고 하이체어에 앉아 가족 구성원의 한 명으로 당당하게 자리를 할 수 있을 때쯤, 온 가족의 기대가 시작되었다. '이 흥겨운 가족 저녁 식사 자리에 저 아기 녀석도 드디어 동참하는구나.'

 그동안 잔잔하게 행복하긴 하지만 요란하게 즐겁지는 않은 우리 부부와의 저녁 식사만을 함께해 오던 아기가 드디어 가족 구성원들과 모여 앉았다. 결전의 날인 만큼 아기의 반응에 모두가 신경을 곤두세우고 있었다. 음식들은 아기가 좋아할 것이 확실한 것, 그 또한 여의치 못할 때 아기에게 먹일만한 것, 그 차선의 음식, 그 차선의 차선의 음식들로만 이루어져 있었다. 나도 평상시에 아기 앞에서 술병은 가능한 한 보여주지 않는데, 이날은 식탁 위에 술병들이 종류별로 올라와 있었다. 다들 아기의 눈치를 보다가 비교적 조용히 식사를 시작했다. 가족들이 술잔을 채우고 건배를 하자 아기는 얼떨결에 자기가 들고 있던 빨대 컵으로 건배를 했다. 그때 아기의 시크하던 표정이 씰룩이기 시작했다. 이후에 술을 마시고 있는 건 가족 몇 명이었으나 취하는 건 아기 같았다. 아기는 양팔을 번쩍 든 채 춤을 추기 시작했다. 그러더니 이내 자신의 컵을 양껏 높이 들며 가족들에게 건배를 제안했다. 잔을 부딪치면 "캬캬캬!" 하는 소리도 잊지 않았다. 그렇게 아기가 수십 번의 건배 제의를 하며 첫 저녁 식사를 끝냈다.

 그때 이후로 아기는 건배와 '캬!' 소리에 진심이 되었다. 아기는 컵만 들고 있으면 사람들에게 건배를 제안했고, 물을 마신 후에는 웃으며 '캬!' 하는 소리를 냈다. 평상시에는 굉장히 시크한 표정을 하고 있다가 잔만 들면 건배를 제안하고 웃으며 '캬!'를 하는 아기를 보는 우리 부부의 마음은 심란했다. 이후에 어린이집을 보내기 시작하면서는 걱정도 좀 되었다. 내가 우려스럽게 말했다.

"내가 술을 좋아하긴 하지만, 보통 공주 자고 나서야 술을 먹는데, 쟤가 저렇게 계속 건배를 해대고 '캬!' 소리 하고 다니면 어린이집 선생님이 우리 부부를 무슨 지독한 술꾼들로 보는 거 아니냐?"

"에잇 기왕 그렇게 오해받을 거 차라리 술이라도 제대로 마시면 억울하지라도 않지! 안 되겠다. 오늘 저녁에는 술상이다!"

"말은 잘하네."

아내는 내 말을 제대로 듣는 거 같지도 않았다.

가족들과 함께 저녁 식사를 하며 즐겁게 술을 마시던 그 모든 순간은 내 인생 최고의 선물들이다. 그리고 이런 소중한 순간들을 만들어 주고 그 순간들의 소중함을 알게 해 주신 부모님을 나는 세상에서 가장 존경한다. 아기가 커서 술을 좋아해서 "아빠, 오늘 술 한잔합시다." 할지 어떨지는 알 수 없다. 하지만 가족들과 함께 맛있는 거 먹으며 웃고 떠드는 행복한 저녁 식사의 순간들이 아기에게 잔뜩 쌓이기를 바라본다. 세상 살다 보면 하루하루 매일 행복하고 즐거운 일들로 가득하지는 않겠지만, 매일 있는 아주 작은 행복에도 감사해하고 하루의 소소한 행복을 음미하는 태도를 아기가 가지길 바라본다. 내가 부모님께 받은 최고의 유산이, 아기에게도 전해지길 바란다.

두 눈 뜨곤 못하겠는
어색한 재롱

스스로에 대한 자괴감이 굉장히 들었다. 내가 이까짓 거를 하나 못해서….

나는 스스로 '나는 기본적으로 뭘 해도 어느 정도는 다 할 줄 안다.'라는 근거 없는 자신감이 있었다. 좀만 뭘 잘한 거 같으면 아내에게 능청을 부렸다.
"내가 뭘 못하는 게 있나?"
"어휴, 말이나 못하면."
 아내는 자리를 빠르게 피해 버렸다.

그런데 이걸 겪어 보고는 이렇게 내가 못하는 게 있는데 그걸 잘해 볼 엄두조차 나지 않는다는 사실이 너무 답답했다. 그건 바로 아기에게 재롱부리는 것이었다. '아기에게 재롱부리는 것'을 처음 접했을 때는 굉장한 문화 충격을 겪었다. 아기는 마치 '어디 한 번 해 보슈.' 하는 표정으로 턱살을 늘어뜨리고 아래로 사람들을 깔보듯 보고 있었다. 그러면 아내는 도도한 표정으로 아기 앞에 저벅저벅 걸어가서 뜬금없이 근본 없는 게다리춤을 추며 정체를 알 수 없는 노래를 부르기 시작했다. 그러면 아기가 만족스럽다는 듯 "캬캭!" 하고 웃었다.

"여보, 여보도 얼른 해 봐! 공주 웃게 해 줘야지."

아내는 나에게도 그 이상한 경연을 강요했다. 나는 어기적어기적 아기 앞으로 걸어 나가서 아내가 한 것과 비슷한 몸동작을 어설프게 휘적휘적했다. 아기의 표정은 빠르게 굳었다. 마치 〈쇼미더머니〉라는 경연 프로그램의 명대사처럼 '아빠는 우리와 함께 갈 수 없습니다.' 하는 표정으로 못 볼 것을 보았다는 듯이 고개를 돌려 버렸다. 그 어색한 자리를 아내가 치고 들어와 이상한 콤비네이션을 섞어서 하면 아내와 아기 둘이서만 아주 하하호호 신이 났다.

'남자들이 다 그렇지 뭐….' 하고 생각했다. 어느 날 장모님과 처남이 아기를 보러 우리 집에 놀러 왔다. 처남은 키도 크고 평상시에 나의 팬클럽 1호를 자청했으나 그렇다고 표정이 아주 풍부하거나 애교스럽진 않았다. 아기는 매일 키가 크지 않은 아빠만 보다가 거대한 처남을 보니 마구 울어대기 시작했다. 처남은 아기를 달래주겠다며 이것저것 시도하기 시작했다. 나는 처음에 '야, 그게 보통일인 줄 아냐?' 하고 속으로 비웃고 있었는데 처남이 이목구비를 한가운데로 아무지게 몰아넣고 역동적으로 까꿍을 하자 아기가 울다가 "캭캭!" 하고 웃기 시작하는 것이었다. 그 이후로 처남은 근본 없는 이상한 몸놀림을 하기 시작해서 아기를 연속 웃음을 터뜨리는 쾌거를 달성했다. 심지어 장모님까지 그 기세를 이어받아 아기를 빵빵 터뜨렸다. 그 근본 없어 보이던 게다리춤과 다이내믹한 까꿍은 알고 보니 근본이 없었던 게 아니라 대대로 물려오던 위대한 유산이었던 것이다. 아기는 만세 동작을 하며 아주 더는 못 참겠다는 듯 즐거워했다. 더 해 보라며 초롱초롱한 눈망울을 빛내고 있었다. 이제 초조해지는 것은 나였다. '아니 왜 나만…?'

아기 앞에서 재롱부리는 것만 문제가 아니었다. 아기에게 책을 읽어줄 때도 나는 로봇이 되었다. 아기에게 책을 읽어줘도 감칠맛이라고는 전혀 없게 "엄. 마. 닭이. 조. 용. 한. 곳을. 찾아. 요." 이렇게 읽어주게 되었다. 아기는 내 무릎 위에 앉아서 나랑 같이 책을 읽다가 내가 국어책 읽듯 책을 읽어대기 시작하면 조용히 고개를 돌려 내 얼굴을 쳐다보았다. 마치 '아빠 이게 최선이에요…?' 하고 물어보는 듯했다. 나는 애써 아기의 시선을 피하고 황망히 책을 읽어 나갔다. 아기는 이내 못 참겠다는 듯 책을 잡고 "엑!" 소리와 함께 바닥에 탁 내리치고는 다른 책을 들고 엄마에게 가 버리는 것이었다. 나는 멀어져 가는 아기의 뒷모습을 하염없이 바라보았다.

이게 참 이해할 수 없었던 것이 분명 밖에 나가면 사람들에게 애교 부리고 나부대는 역할을 하는 건 나이고, 밖에서 말을 많이 하지 않고 희미하게 미소만 띠고 있는 건 아내였다. 분명 밖에서 나의 역할은 그랬는데, 이상하게 아기에게 책을 읽어주고 아기에게 재롱부리는 게 너무 어색해서 견딜 수가 없었다. 그런데 이걸 어떻게 해야 잘하게 될지 상상도 되지 않아 절망적이었다. 그렇게 내가 아내와 아기에게 온갖 눈치를 받으며 육아휴직을 시작했다. 아내와 아기도 나를 포기한 경지에 이르렀다. 그래도 나는 아기에게 아빠 목소리로 책을 읽어주는 게 너무 중요하다고 생각해서 그냥 아기가 듣든 말든 하염없이 책을 읽어주었다. 그러던 어느 날 아내는 깜짝 놀라며 나에게 물었다.

"오? 여보 뭐야?!"

"뭐?! 왜요? 뭐가 뭐예요, 갑자기?"

그러고 나서 보니 아기는 내 앉은 다리에 엉덩이를 아주 깊숙이 넣고 앉아서 내 책 읽기를 경청하고 있었다. 어느 순간 나 자신도 모르게 수십 가지의 목소리와 높낮이 변화, 강세 등이 생겼다는 걸 알게 되었다.

"어 뭐야? 나 왜 책 잘 읽지?"

그냥 누가 듣든 말든 하염없이 읽다 보니 책 읽는 게 굉장히 자연스러워졌다. 하도 많이 책을 읽어서 책을 보지 않고도 내용을 줄줄 말할 정도가 되니 여유가 생겼다. 이야기를 상상해 보기도 하고 감정 이입도 하게 되었다. '내가 이 오리라면 어떤 마음일까?' 오리의 뒤틀어진 표정이 떠오르며 오리가 너무 안쓰러웠다. 그렇게 나는 목소리가 시끄럽다고 놀림 받는 오리에게 진심이 되고 변기를 좋아하는 아기에게 진심이 되고 달팽이 친구를 잃어버린 강아지에게 진심이 되었다. 이제는 어디 나가서 '책 좀 읽을 줄 안다.' 하고 말할 수 있을 거 같다. 역시 물량에는 장사가 없나 보다. 아직 게다리춤 등 아기에게 재롱부리는 건 어색하긴 하다. 하지만 이것도 계속해 나가다 보면 아내처럼 아기에게 찬사를 받을 만큼 다리를 역동적으로 호돌호돌 흔들어 댈 수 있을 거라 믿는다.

롯데자이언츠의 팬,
수저 논란

나는 하필이면 많고 많은 프로야구팀 중에 1992년에 우승하고 그 이후로 단 한 번도 우승하지 못한 롯데자이언츠의 팬이다. 지금도 스스로는 청춘이라고 여기고 있긴 하지만, 아무튼 나의 청춘은 롯데자이언츠와 함께했다고 할 수도 있겠다.

아내는 원래 삼성라이온즈의 소소한 팬이었다. 결혼 후에 나 때문에 롯데자이언츠 팬이 되었는데, 그때부터 그녀는 항상 그게 불만이었다. 함께 유니폼을 입고 설레는 마음으로 잠실 구장으로 향한다. 잠실에 모여드는 롯데 팬들은 충성심이 상당하다. 경기 초반에는 엄청난 함성과 목소리로 롯데자이언츠의 승리를 기원한다. 그런데 시간이 갈수록 점차 분위기는 험악해지기 시작한다. 롯데자이언츠의 팬들은 점차 일어나서 응원하는 일이 없어진다. 결국 "마!", "와…그걸!", "와…", "아 정말…!" 항상 우리 쪽은 풀 죽어서 팀을 욕하고 있고 바로 맞은편 상대방 쪽은 전원 일어나서 응원가를 부르고 서로 껴안고 있다. 상대 팀이 거의 승리를 확정 짓는 점수가 나오는 순간, 폭죽은 펑펑 터지고 우리는 우리를 위한 적 없는 그 아름다운 폭죽을 지켜보며 망연자실했다. 아내는 늘 나를 설득했다.

"여보, 잘 봐 봐. 여보는 서울 사람이잖아. 그런데 왜 롯데자이언츠 팬을 하는 거야? 두산 팬을 하거나 LG 팬을 하면 얼마나 좋아?"

"야구를 안 보면 안 봤지 이제 와서 다른 팀을 응원할 순 없어."

고개를 저으며 단호하게 말하는 나를 아내는 이해하지 못했다.

그러다가 아내는 아기가 태어나자 '수저 이론'을 여기에 적용하며 나를 설득하기도 했다. 이때는 사실 잠시 마음이 쿵 내려앉았다. 아내는 말했다.

"여보 생각해 봐요. 여보가 맨날 롯데자이언츠를 응원하고 있으니까, 공주는 당연히 롯데자이언츠의 팬이 되겠지?"

"어 그렇겠지요! 유니폼도 사주고 경기장도 가끔 같이 가자! 야호!"

"그런데 생각해 봐. 여보는 여보가 선택한 결과이지만 공주는 뭘 잘못해서 태어날 때부터 동수저를 물고 태어나는 거예요?"

"무슨 소리야? 동수저라니요, 여보?"

나는 깜짝 놀라 되물었다.

"다른 팀은 승률이 60%인데 롯데는 보통 40%이잖아요. 공주는 롯데 팬을 하면서 기뻐할 일보다 고통받을 일들이 훨씬 많다는 얘기야."

아내는 공세를 이어갔다.

"그러다가 공주가 좀 커서 '아빠는 왜 서울 사람인데 롯데자이언츠 팬을 해서 나를 이렇게 힘들게 해?'라고 따지면 여보 뭐라고 대답할래?"

"왜 태어난 아기에게 동수저를 물려주려 하는 거야?"

이건 좀 세게 다가왔다. 옆에서 엉금엉금 기어 다니고 있는 아기를 보며 마음이 심란해졌다. 하지만 이렇게 말하나 저렇게 말하나 롯데자이언츠의 팬이라는 건 일종의 종교처럼 나에게 어쩔 수 없는 부분이었다. 이미 나의 청춘은 롯데자이언츠와 함께였기 때문이다. 개막전이 있을 때면 부산에 있는 롯데자이언츠 열성 팬인 친구에게 티켓팅해 놓으라고 하고, 부산을 내려가 개막전을 챙겨 보고 올 정도였다. 항상 6시 이후에는 핸드폰에 롯데자이언츠 경기 영상이 재생 중이었다. 그 울고 웃었던 기억들은 승률처럼 단순히 숫자로 표현할 수 있는 것들이 아니었다.

롯데 팬에서 다른 팀으로 옮겨가는 것은 여전히 상상할 수도 없을 정도로 불가능한 이야기였지만 나이가 점점 들어가며, 이상하게 야구에 대한 나의 흥미는 나이에 반비례하여 조금씩 식기 시작했다. 그러면서 롯데의 성적도 참으로 처참해졌다. 처음엔 롯데가 못해서 야구에 흥미가 식은 것인가 생각해 보았는데, 더 못할 때도 열성 팬이었던 거 보면 꼭 그런 건 아닌 거 같다. 마침 코로나 시기까지 겹쳐 직관도 가지 못하게 되면서 더더욱 롯데에, 아니 야구 자체에 흥미를 잃어가는 중이었다.

그런데 롯데에서 야구 선수치고 상당히 많은 나이에도 불구하고 불방망이를 자랑하던 이대호 선수가 돌연 은퇴를 선언했다. 20년 정도 팬 생활을 하면서 가장 좋아하는 선수를 뽑으라고 하면 송승준, 강민호, 조성환, 전준우 선수 등 여러 선수들이 떠오르지만, 대부분의 롯데 팬들이 그러하듯이 가장 먼저 이대호 선수를 뽑을 것이다. 이대호 선수가 소프트뱅크에서 돌아와 롯데자이언츠에 복귀하고 첫 경기가 있는 날이었다. 일정이 꼬여 직접 관람하러 가진 못했지만 집에서 유니폼을 입고 경기를 지켜봤다. 복귀전에서 팬들에게 꾸벅 인사하고 첫 타석부터 홈런을 때려내는데 그 장면은 내 눈물 창고를 열기에 충분했다. 정말 스타는 대스타였다. 거기에 은퇴하는 시즌에도 그의 불방망이는 더욱 불타올랐다. 박수 칠 때 떠나는 모습까지도 정말이지 완벽한 스타였다.

롯데자이언츠의 성적은 처참했지만 시간은 야속하게 빠르게 흘러 이대호 선수의 은퇴식이 다가오고 있었다. 다른 건 몰라도 이대호 선수의 은퇴식은 처음부터 끝까지 함께하고 싶었다. 아기가 너무 어리니 직접 관람을 하러 갈 상황도 안 되고, TV를 보여주지 않기로 한 우리 가족의 결심상 TV로도 이대호 선수의 마지막을 지켜볼 수가 없었다. 혼자 머리를 움켜잡고 주접을 부리고 있었다.

"미안해요, 대호형님. 흑흑."

그런 나를 보고 아내는 말했다.

"여보가 그토록 사랑하던 선수의 마지막이니까 우리 가족들 다 같이 TV로 봐요. 치킨도 시키구. 공주도 이런 날은 TV 봐야지."

그렇게 우리 가족 모두가 이대호 선수의 은퇴 경기 및 은퇴식을 보았다. 이것이 임영웅 콘서트 시청 이후 아기의 두 번째 TV 시청이었다. 아기 녀석에게는 등 번호 10번 이대호가 마킹되어 있는 내 유니폼을 입혔다. 유니폼 상의였으나 아기는 롱원피스를 입은 것처럼 발만 빼꼼 나오고 뒤에는 옷이 질질 다 끌렸다. 마치 왕의 도포 같았다. 우리 부부는 한 손에 치킨을 들고 아기는 한 손에 유아용 과자인 떡뻥을 들었다.

그렇게 이대호 선수의 은퇴 경기를 지켜보는데, 아웃 카운트가 하나하나 올라가며 이대호 선수의 타석이 거의 남지 않게 되자 부끄럽게도 눈물이 또 흘러나왔다. 아내는 이해가 안 된다는 듯 물었다.

"이대호 선수를 더 이상 보지 못하게 되어서 너무 아쉬워서 그래?"

내가 눈물 흘린 건, 이대호 선수를 더 이상 경기장에서 볼 수 없기 때문만은 아니었다. 20대, 기회만 되면 롯데자이언츠의 경기를 보러 여행을 떠나고, 경기 하나하나에 울고 웃던 나의 청춘도 저물고 있었음이 느껴졌기 때문이다. 이제는 내가 의식적으로 노력을 한다 해도 야구를 전처럼 그렇게 좋아하게 될 수 없을 것이었다. 예전처럼 그런 뜨거운 열정이 없기 때문이다. 이대호 선수는 나의 청춘과 팬심의 상징이었다. 20대의 풋풋하던 시절의 이대호 선수도 어느새 나이가 들어 선수 생활의 방점을 찍고 그 뜨거웠던 역사를 끝내고 있었다. 나도 어느새 주변을 둘러보니, 나를 꼭 닮은 아기 녀석이 옆에서 TV 중계를 보고 있었고, 부끄럽게 꺽꺽거리며 울고 있는 내 손을 꼭 잡아주는 아내가 있었다. 이대호 선수도 선수로서의 삶을 끝내고 새로운 삶을 시작할 것이다. 나 또한 계속해서 롯데자이언츠의 팬으로 남겠지만, 옆에 앉아 유니폼을 입고 재롱부리는 아기를 보며, 내 불타는 청춘은 갔고 인생 2막이 새로 시작됨이 느껴졌다.

날이 좋은 어느 날, 아기에게 유니폼을 입혀서 롯데자이언츠 응원이나 한번 가봐야겠다. 나의 뜨거웠던 열정과 팬심이 세대를 거쳐 아기에게 이어질지는 알 수 없다. 그저 새로 시작된 나의 2막의 삶을 롯데자이언츠에게 보여주고 싶다.

뜬금없지만 작은 지면을 할애해 꼭 이대호 선수에게 이 말을 전하고 싶다. 당신 덕분에 나의 청춘이 눈물과 환호로 가득했습니다. 고마웠습니다. 나의 인생 2막도, 당신의 인생 2막도 더 찬란하게 빛나길 바랍니다.

처갓집을
가지 않는 그녀

　인터넷에는 유부남들에게 단단히 경고하는 글들이 떠돌곤 한다. 아내가 아이를 데리고 처갓집을 간다고 했을 때 주의해야 할 점들. 내용에 내용을 얹어서 나중에는 '아내가 처갓집을 간다고 할 때 곧 죽어도 잊으면 안 될 10가지' 이런 책이 나오는 거 아닌가 할 정도로 인터넷상에 많이 확산되었다. 대충 큰 흐름은, 너무 기뻐서 온 동네에 울려 퍼지게 소리를 지르고 싶겠지만 그 모든 감정을 내 안 어딘가에 갈무리해라. 뭐 이 정도다. 올라가는 입꼬리를 어떻게든 조금이라도 끌어내리고 아내에게 떨어지게 되어 너무나 아쉽다는 등의 말을 하라는 구체적인 처세법도 다루고 있었다. 결혼하고 '오…. 과연 그렇군.' 하며 열심히 읽어뒀다. 누가 툭 치면 '1번 입꼬리를 내린다, 2번 약속을 잡을 때는 요란하지 않게 조용히 잡는다, 3번….' 할 수 있을 정도로 열심히 읽어 두었다.

　그런데… 아내가 처갓집을 가질 않는다.

나의 이 완벽한 처세술은 내 안에서 사생아가 되었다. 써먹을 일이 없기 때문이다. 정확히 말하면 아내가 처갓집을 가지 않는 건 아닌데, 나를 꼭 데리고 간다. 어디에든 데리고 가고 싶은 포켓남 같은 남편이라니. 기뻐해야 할지 슬퍼해야 할지 알 수 없었다.

내가 육아휴직을 시작하고 아기와 치열한 생존기를 펼치기 시작하자 살이 좀 빠지기 시작했다. 환자처럼 살이 죽죽 빠지는 건 아니었는데 조금씩 누적되더니 어느 순간은 그래도 꽤 살이 빠진 게 느껴졌다. 장모님은 어느 날 아기를 보러 우리 집에 오셨다가 핼쑥해진 나를 보며 굉장히 마음 아파하셨다. "아니, 어떻게 얼굴이 이렇게 홀쭉해졌니." 그러고는 장모님은 아내와 대화를 시작하셨다.

"애! 너가 바빠도 훈남아빠 혼자 다하게 하지 말고, 너도 밥 좀 더 챙겨주고 해라. 애 아빠 얼굴이 저렇게 핼쑥해지면 어떡하니!"

"나도 속상하긴 한데, 반찬 있어도 잘 안 챙겨 먹는데 어떡해!"

그 순간 내 심장을 울리는 멘트가 지나갔다.

"전에 훈남아빠도 너 육아휴직 할 때 여행 몇 번 보내줬다면서. 훈남아빠도 가끔 좀 혼자 쉬게도 해 줘."

"하긴 훈남아빠 맨날 아기 보다가 통잠 푹 잔 적이 없어…."

몇 걸음 옆에서 이런 대화들이 들려오자 나는 최대한 더 몸을 쭈글쭈글 말았다. 괜스레 힘이 다 빠진 사람처럼 처연하게 팔을 휘휘 저으며 관심 없는 주제인 양 딴청을 피웠다.

"여보, 나 언제 엄마 집 가서 공주랑 자고 올 테니까 여보 하루 동안 친구 만나거나 여행 갔다 올래요?"

이번 생에 내가 듣기는 틀렸다고 생각했던 말이 드디어 아내 입에서 나왔다. 하지만 역시 뭐가 됐든 이론보다는 실전이라고, 실전 경험이 없던 나는 세상 환한 표정으로 "어? 어!" 하고 대답해 버렸다.

장모님은 웃으시며 "거 봐…." 하셨다.

그렇게 나의 외박이 결정되고 나는 수천 가지의 가능성을 생각했다. 이 값진 하루를 도대체 어떻게 쓰면 좋을까. 이렇게 저렇게 온갖 상황들을 예상하고 시뮬레이션을 돌려보았다. 결국 제일 오래된 친구들과 만나기로 했다. 결혼 전에는 거의 매주 보던, 20년 넘게 우정을 나눈 동네 친구들이었다. 그런데 코로나와 출산이 겹치면서 1년 가까운 시간 동안 친구들과 만나지 못한 상황이었다. 아쉬움은 잦은 통화로 달래곤 했다. 친구들에게 이 기쁜 소식을 알리자 어쩔 수 없는 한 명을 제외하고는 다들 일정을 조율해 주었고 시흥에 넓은 아파트로 이사 가서 혼자 사는 친구네 집으로 모이기로 했다. 아내와 공주는 처갓집에 데려다주고 출발하기로 했다. 장인 장모님께 빠르게 인사를 드리고 이번에는 '외박공략집'에서 배운 것처럼 침착하게 잘 행동했다. 대문이 완전히 닫힐 때까지 아내와 공주에게 아쉬움이 묻어

나는 표정과 아련한 손짓으로 인사했다. 문이 완전히 닫히자마자 미친 듯이 달려서 차에 올라탔다.

차에 타고 시동을 거는데 비가 내리기 시작했다. 비가 내리든 말든 신나서 오늘 모이기로 한 친구들에게 전화를 돌리며 "내가 간다!"를 차가 떠나가라고 소리 질렀다. 친구들은 "쯧쯧… 안전 운전해서 와." 하며 나의 한껏 고조된 감정을 애써 받아주었다. 그런데 비가 더욱 거세지더니 차가 거의 움직이지 못하고 서 있었다. 마음은 이미 친구들에게 도착했는데 야속하게도 차는 그저 서 있었다. 게다가 아내에게 부담을 줘서 미안한 마음에 출발하기 직전까지 아기를 너무 열심히 돌본지라 몸이 상당히 피곤했다. 결국 친구 집에 도착할 때까지 빗길에 2시간 넘는 시간을 운전했고, 시간은 저녁 8시가 되어 있었다. 어쨌든 1년 만에 4명의 친구들이 모였다. 나는 한 친구 한 친구 다 꼭 껴안아 주며 잔뜩 행복을 느꼈다. 집주인 친구는 오랜만의 만남이니 자기가 쏘겠다며 배달비로만 20만 원이 넘는 음식들과 선물 받았다던 양주까지 내어주었다.

"나 오늘 안 잔다. 아무도 말리지 마라! 오늘 아무도 못 자! 다 가만 안 둔다!"

의기양양하게 소리치던 나는 얼마 지나지 않아 식탁에서 졸기 시작했다. 친구들은 쯧쯧거리며 침대로 나를 안내했고 기절한 듯 푹 자고 일어나니 낮 12시였다. 집주인 친구는 최근에 여자친구에게 음식을 만들어 주기 시작했다고 했다. 친구가 해 보니 별로 어렵지 않다며 점심으로 돼지 갈비찜을 해 주었다. 맛있는 음식을 앞에 두고도 나는 분통 터지는 감정이 앞섰다.

"이거 먹고 나면 이제 나 집 가는 거 아니여? 내 외박 이렇게 끝난 거야?!"

다들 말없이 고개를 가로저으며 갈비찜을 먹었다. 그렇게 '아내가 처갓집을 갔다'는 끝이 났다.

아쉬움은 엄청나게 묻어났지만 오랜만에 잠을 푹 자서일까 그래도 나에게 활기가 상당히 도는 모습을 보고 아내는 그 이후로 가끔 1박의 외박을 권해 주었다.

"가성비 호텔 잡아 줄 테니까 가서 호캉스라도 하고 올래요?"

"이번에 누구 친구 결혼한다고 하지 않았어? 친구 집에 가서 하루 자고 올래요?"

가정이 있는 사람으로서 아내가 권하는 대로 다 나갈 수는 없었지만, 그렇게 물어봐 주는 마음이 얼마나 고마웠는지 모른다. 그래서 우리 부부는 자주는 아니지만 서로 틈틈이 외박을 보내준다. 혼자 아기를 보는 시간은 좀 더 버겁긴 하지만, 완전히 재충전돼서 돌아오는 서로를 보면 또 기쁜 마음으로 서로에게 외출을 권해 주게 되었다.

남편, 아내가 반복되는 일상에서 너무 지쳐 보인다면, 이런 시간을 주는 것이 큰 힘이 될 수 있다. 그 큰 힘은 결국 가정에 더 많은 웃음이 피어나게 하는 에너지가 될 것이다.

나도 말을 좀 하고 싶다!

　내가 "나도 말을 좀 하고 싶다!"라고 말하는 것을 내 주변 사람들이 듣는다면 웃을 거 같다. 나는 적당히 외향적인 편이고 사람을 좋아해 사람을 졸졸 따라다녀서 주변에 사람이 꽤 있기 때문이다. 물론 누구든지 물리적으로 대화를 할 사람이 없는 건 아니다. 하지만 나의 최근 관심사는 굉장히 제한적인데 전혀 관심이 가지도 않는 대화 주제를 가지고 서로 대화해야 한다면 그건 대화가 아니라 공부가 될 것이라는 생각이었다.

　결혼을 아직 하지 않은 내 친구들은 결혼에 매우 절박하다. 빨간색만 보고 달려가는 투우처럼 주변에 다른 건 보이지 않았다. 내 친구가 표현한 결혼을 하기 위해 노력하고 있는 본인의 상태를 여기에 써 보자면 이러하다. 저 멀리서 마지막 기차가 한 대 오길래 "오, 이 기차 타고 가면 되겠네." 하고 기차를 탈 준비를 하고 있었다. 그런데 기존의 기차들과 달리 이 기차는 정차하지 않고 총알같이 옆을 휙 지나가 버린다. 미친 듯이 달려서 이 기차 끝에라도 어떻게든 닿아 보려 죽을힘을 다해 달리고 있는 상태. 이걸 놓치면 이 광활한 황무지에 혼자 남게 될 것이 분명한 상태. 이게 친구가 말한 지금의 상태라고 했다. 그렇게 죽을힘을 다해서 달리고 있는 상태의 친구에게 "야, 나 고민이 있는데 말이지. 애가 똥을 안 싼다?" 또는 "매일 반복되는 하루가 울적한데 어떡하지?" 해 봐야 서로 다른 언어로 떠드는 느낌일 것이다. 그리고 육아를 하는 동성 친구들 중에는 나와 유사한 상황의 친구들이 별로 없었다. 아내와 동반 휴직을 하고 있거나 주 양육자가 아닌 '보조자' 정도의 상태로 육아휴직을 하고 있어서 평생 육아휴직하고 싶다는 친구 정도만 있었다.

육아휴직을 하기 전, 직장에서 친해진 또래의 형님들이 있었다. 나를 정말 살뜰히도 챙겨주는 고마운 사람들이었다. 그런데 휴직을 하게 되니 그 사람들에게도 연락을 잘 하지 않게 되는 것이었다. 그분들에게 먼저 오는 연락은 놓치지 않고 잘 받았다. 그 와중에도 형님들의 따뜻한 마음은 잘 느껴졌다. '밥은 잘 챙겨 먹냐. 니가 밥을 잘 챙겨 먹어야 한다.'가 통화에서 가장 우선하는 말이었다. 하지만 전처럼 내가 먼저 연락을 하는 경우는 잘 없었다. 육아휴직하고 할 일 없어 연락하는 사람처럼 보일까 봐서였던 거 같기도 하고 정확한 이유는 나도 잘 모르겠다.

부모님은 너무 걱정이 많으셔서, 조금 중차대한 얘기는 오히려 하기가 어려웠다. 물론 기쁜 얘기들은 총알같이 공유해서 함께 기쁨을 만끽했다. 나를 헨리라고 불러주시는 장인어른과 술을 한잔하다가 말할 사람이 없는 고충을 얘기하자 "헨리야 나도 적적하니, 나한테라도 좀 연락을 자주 해 줘라. 너도 좋고 나도 좋지." 하고 말씀해 주셨다. 술병을 앞에 두고는 둘이서만 10시간도 얘기를 할 수 있는데 핸드폰으로 통화하자 통화연결음이 갈 때부터 뭔가 잘못됐음을 느꼈다. '어…?! 할 말이 없겠는데?!' 아무튼, 남들이 들으면 '그런 이유로 연락을 안 한다고?' 할 수도 있는 이유로 주변 사람들에게 자주 연락을 하진 않았다. 물론 무슨 중대한 일이 있거나 큰 변화가 있으면 연락했다.

그러다 보니 이 길고 긴 시간 속에서 아기와 내가 둘만 대화할 시간이 많았다. 김영하의 『오직 두 사람』이란 소설에서처럼 세상에 나와 말하는 사람이 아기와 나뿐인 거 같았다. 물론 아기는 말을 못 하는 게 문제였다. 10개월의 아기는 내가 계속 무슨 말을 억지로 하고 있어도 말을 이해하고 있는 건지 알 수가 없었다. 육아 책에서는 늘 말했다. 아기가 알아듣고 있든 그렇지 않든 언어를 많이 접하게 해 줘야 언어 구사 능력이 는다고. 아기는 뭔가 맘에 들지 않을 때만 눈빛으로 말을 잘했다.

"아… 아빠 이거 밥맛이 왜 이러냐고?"
"아… 그래 미안하다. 소금이라도 좀 뿌려줄까…? 미안 그냥 먹어."
"아, 아기 비데가 잘못 끼워져 있었구나. 팔이 좀 아팠겠네. 아니 그런다고 눈으로 욕을 하고 그러니… 미안해."

그 외에는 대체로 아무런 말도, 리액션도 없는 아기에게 말을 하다 보면 나도 모르게 지칠 때가 많았다.

나의 구원자가 될 사람은 아내였다. 하지만 아내는 퇴근했지만, 퇴근을 한 사람이 아닐 때가 많았다. 퇴근하는 사람이 으레 그러하듯 아내에게도 '퇴근 관성의 법칙'이 작용했다. 아내의 몸은 이미 퇴근을 했지만, 아내의 정신은 아직 회사에 머물러 있어 아직 집에 도착하지 못한 상태였다. 앞에 있는 아내에게 "어서 내 말을 들어봐!"라고 말해 봐도 저 멀찍이서 느긋하게 오고 있는 아내의 정신에게는 들릴 리 없었다. 아내는 그래도 착한 사람이었으니 아내의 육신은 나에게 기계적으로 대답을 하긴 했다.

"여보, 오늘 나 공주랑 ○○산에 있는 절에 갔거든요. 그런데 오늘 공사 중이라고 못 들어가게 막아 놓은 거야. 그 앞에서 둘이 낙엽 줍고 놀았다?"

내가 주저리주저리 설명하자 아내는 멍한 표정으로 진지하게 대답했.

"어떡하지…?"

"어떡하지가 내가 알기로는 이 상황에서 나올 말이 아닌데…?"

몇 번 그런 일이 있고 난 후로 아내는 자신도 정신을 차리겠다며 자기가 내가 하는 말을 안 듣고 있는 게 확실하면 그때마다 만 원을 주겠다고 선언했다. 돈이라면 한 푼이라도 아주 칼같은 아내에게 이건 정말 상상할 수 없을 정도로 파격적인 제안이었다. 돈은 좋아하지만, 이러다가 아내에게 돈

받아서 포르쉐를 사게 생겼기에 돈을 달란 소린 하지 않았다. 나는 말이 많은 편도 아닌데도 내 말을 잘 들어주지 않는 아내에게 좀 서운하다가 나름대로 항상 노력하고 있는 아내를 보면 또 애잔해 보였다.

돌아올 거 같지 않던 아내의 정신은 보통 우리가 잠들기 전 즈음해서 도착했다. 내일에 대한 준비까지 모든 일과를 마치고 아내가 마지막으로 샤워를 하고 오면 정신이 들어 있는 아내를 발견했다. '왔구나, 여보!' 그럼 우리는 서로 잠시 반갑게 인사했다.
"어, 드디어 왔구나. 내 진짜 여보가."
감탄하고 잠시 반가워하다 이내 잠자리에 드는 것이었다.

그래 까짓거… 내가 말 좀 못해서 답답하면 어때. 내 주변에 나를 생각해주는 사람들이 이렇게나 많은데. 내일은 문화센터에 아기 데리고 온 아빠가 없는지 좀 살펴봐야겠다.

> **초보 아빠의 한마디**
> 아내는 분명 저의 가장 친한 친구기도 합니다. 하지만, 한 명은 출근하고 한 명은 육아하면 서로 온전히 서로를 이해하긴 어려워지는 거 같아요. 육아하는 한 명의 하루는 아기가 온 세상이 되니까요. 아기의 작은 움직임 하나에도 나만 알 수 있는 경이로움이 있으니까요. 나만큼의 감동을 상대는 느낄 수 없다는 게 조금 아쉬울 수 있어요.

아내의
폭발적인 코골이

 나는 당시 아내는 집에서 하는 역할이 별로 없다고 생각했다. 요리에서부터 많은 귀찮은 집안일들은 내가 하고 있었고 가족 모임에서도 늘 주도적인 역할을 하는 건 나였다. 너무 지쳐 있던 나는 『전태일 평전』의 문구가 떠올랐다. "지금 현재 그가 삽질을 하고 있네. 사실은 그 사람이 삽질을 하고 있는 것이 아닐세. 그 때에 절은 모자가 하고 있는 걸세." 나도 머릿속에는 아무런 생각도 없었다. 뭔가를 생각할 에너지는 없었다. 친환경 세제에 전 수세미가 시키는 대로, 밥주걱이 시키는 대로 그저 움직이고 있었을 뿐이다. 아내도 어느 정도 내가 여러모로 많은 일을 하고 있다는 점에는 동의했다. '내가 아내를 사랑하니 어쩔 수 없지…' 하고 생각하다가도 내가 너무 지칠 때면 불만이 생겼다.
 "난 여보 없이는 못 살아! 여보가 나 공주 대접해 주고 사랑해 주지."
 아내가 종종 이렇게 말해주면 잠시 수그러들다가도 가끔 불쑥불쑥 튀어나오는 불만은 나를 당혹스럽게 만들었다.

처가댁에 놀러 간 어느 주말이었다. 아기는 가족들이 많아지고 자기를 보며 예쁘다고 손뼉 쳐 주자 신이 나서 자기가 할 수 있는 온갖 재롱을 코스요리처럼 하나씩 다 보여주었다. 그렇게 정신없이 몇 시간을 방방거리고 돌아다니더니 서서히 눈에 초점이 흐려지는 게 보였다. 술에 취한 사람처럼 비틀비틀거리기 시작했다. 그러더니 영화 속 비련의 여주인공처럼 혼자 털썩털썩 주저앉기 시작했다. 아내와 나는 서로 눈빛을 주고받고 고개를 끄덕였다. 둘 다 피곤하기도 하여서 아기를 데리고 함께 낮잠을 자러 들어갔다. 한 침대에 가운데 아기를 놓고 셋이 나란히 누웠다. 보통 아기를 재울 때 아내가 아기에게 자장가를 불러주면 아기는 평균적으로 10분 정도 이내에 잠이 든다. 아내는 그렇게 자장가를 시작했다. "잘 자라, 우리 아가 앞동산 뒷동산에" 하는 그 자장가를 음으로만 불렀다. 그런데 자장가를 시작하자마자 아내의 자장가는 음이 자꾸 이상하게 이탈하기 시작했다. "음 음음 음음음음 음…?… 으… 음음…?" 자꾸 끝을 올렸다 내렸다 하는 바람에 나한테 뭐라고 질문을 하는 느낌의 자장가였다. 아기는 외할아버지 외할머니와 너무 즐거운 시간을 보냈던 터라 졸리긴 하지만 자기 싫다며 침대 가운데서 벌떡 일어나 나와 아내를 번갈아 바라보며 양쪽에 소리를 꽥꽥 지르기 시작했다. 그 엄청난 소리의 기세에 나는 아기를 진정시켜 보려 하고 있는데, 그 순간 "크어어어어어억!" 하는 소리가 아내 쪽에서 들려오기 시작했다. 아기도 얼굴이 벌게져서 울다가 괴소리에 놀라 고개를 돌렸다. '설마 아기가 이렇게 소리를 지르고 있는데…?' 싶었는데 아내는 그냥 눕자마자 코를 골며 잠이 든 것이다. 아기는 소리를 계속해서 꽥꽥 지르고 아내는 "크어어억!" 하며 코를 골고 있는 이 아사리판에 나도 모르게 피식 웃음이 나왔다. 아기는 내가 웃자 괘씸하다는 듯 더욱 크게 울기 시작했다. 나는 아기의 울음소리를 뚫고 들려오는 탄탄한 아내의 코골이 소리에 웃음을 참아보려 노력했다. 하지만 참지 못하고 꺽꺽거리며 흘러나오는 나의 웃음은 아기를 더욱 화나게 만들었다. 순식간에 잠들어버린 아내가 잠에서 깰까 봐 아기를 데리고 나가야 하나 고민하는 중에 다행히 분노를 토해내던 아기도 스르륵 곧 잠이 들었다. 나도 무척 졸린 와중에 코를 골며 자는 아내를 보자 갑자기 안쓰러운 마음이 들었다.

아내는 미어캣처럼 항상 주변을 경계하고 모든 게 다 준비되어야 그제야 안심을 하는 사람이다. 그런 사람이 거의 2년 만에 복직하니 모든 것이 쉽지 않았을 것이다. 물론 퇴근 후에 아내가 힘든 집안일을 해야 할 것은 거의 없었다. 하지만 아내는 어쨌거나 내가 일하고 있는데 혼자 누워서 쉬고 있는 스타일은 아니었다. 내가 잠시 쉬라고 해도 아내는 뭐라도 주섬주섬 하거나 같이 아기를 돌보곤 했다. 아기가 생기기 전 같았으면 퇴근하자마자 기절해서 쓰러졌을 아내이다. 그런데 아내가 퇴근하자마자 아내에게 아기가 달려드는 통에 옷도 못 갈아입고 자신의 나름대로는 최선을 다하고 있던 것이다. 그런 눈으로 아내를 바라보자 갑자기 파노라마처럼 많은 기억들이 스쳐 지나갔다. 아기는 내가 열심히 노력해도, 나랑 놀 때보다 아내랑 놀 때 더 많이 웃는다. 아내는 정말 엄청나게 웃기게 놀아주기 때문이다. 겉보기에 참해 보이는 이미지와 다르게 아기와 놀아줄 때 아내는 아기 앞에서 꽂게 춤 같은 근본 없는 이상한 춤도 추고 목소리도 20개 이상을 가지고 있는 듯했다. 아내가 그 준비된 놀이 콤보를 다 꺼내면 아기는 즐거움에 취한 듯 "캭캭!"거리고 웃으며 자지러지곤 했다. 물론 그 모든 일은 엄청난 에너지를 필요로 할 것이다.

 그렇게 여러 생각을 하며 자고 있는 아내를 보다가, 그릉그릉 들어차 있던 불만들이 갑자기 사르르 녹는 게 느껴졌다. 보통 심리학책들 같은 데서 보면, 감정이라는 것들이 그렇게 빠르게 사그라지지 않는다고 보는 것 같았다. 그런데 케케묵은 감정이 아니어서인지, 그냥 관점 하나 바꾸니 많은 것이 달라 보였다. 이 관점을 장착하고 나니, 집에서 별로 하는 일이 없다고 생각했던 아내가 나름대로 꼼틀꼼틀하며 일하는 모습들이 눈에 더욱 들어왔다. 아기와 열정적으로 놀아주는 모습도 눈에 더 선명하게 보였다. 더 놀라웠던 점은 내가 이런 관점을 가지고 긍정적인 시선을 가지기 시작하자, 아내가 분명히 전보다 더 역동적으로 집안일을 하기 시작했다는 점이다. 내가 무슨 말을 한 것도 아닌데 갑자기 옷장에 제대로 정리되지 않고 쌓여 있던 옷들을 모두 다 꺼내어 쓰임에 따라 분류를 하기 시작한다든지, 아기 장난감 주머니에 있는 장난감들을 꺼내 하나씩 세척하는 것 등등 다양한 귀찮은 일들을 하기 시작했다. 이 경험 이후로 나는 왜 사람들이 긍정적으로 생각하라는 뻔한 말들을 자꾸 하는지 이해하게 되었다.

혹시나 남편이나 아내에게 불만이 너무 많이 생긴다면, 한 번쯤 위의 과정을 따라 보는 것도 좋을 거 같다. 남편이나 아내가 어떤 하루를 보냈을지 천천히 상상해 보고, '힘들긴 힘들었겠구나.' 하고 공감한 뒤에 긍정적인 시선을 가지고 상대를 바라보는 것이다. 여기서 '그래 봐야 나에 비하면 니 까짓것 힘든 일도 없지.' 하는 순간 모든 게 수포로 돌아간다. 물론 나도 알고 있다. 육아하느라 너무 힘들어서 불만이 쌓였을 뿐, 정말 육아나 가정일을 거의 돕지 않는 무책임한 아내 또는 남편들과는 아내는 많이 다르다는 것을. 그래서 그런 사람들의 배우자들은 '내 남편 또는 아내는 그런 긍정적인 시선으로 도저히 볼 수가 없는 사람인데요.' 할 수도 있을 거 같다. 어쨌거나 내가 생각하기에 분명한 건, 내가 상대에게 불만을 쌓아 놓고 부정적인 시선으로 상대를 바라볼수록 상대가 내가 원하는 방향으로 바뀔 확률은 더 낮아질 것이라는 점이다.

아내 자신도 자고 일어나서 멋쩍어했던 그 아내의 코 고는 소리가 조금씩 내 안에서 단단하게 굳어가던 불만을 깨주어 참으로 고맙게 생각한다. 다만 이제는 더 깨질 불만도 없으니 오늘 밤에는 아내가 코를 안 골고 그냥 좋은 꿈꾸며 푹 잤으면 좋겠다.

입 까다로운 아기도 먹게 하는 아빠의 주먹구구식 요리법 1편

소고기 미역국 (약 4~5인분)

주의사항

제가 감히 요리법을 쓰게 될 줄은 몰랐습니다. 간장을 미리 넣거나 나중에 넣고, 사람 수에 따른 미역의 양을 정확하게 알고, 이런 전문적인 요리법을 원하시는 요리의 달인들께는 어울리는 방법이 아닙니다. 정말 쉽게 대충했는데, 괜찮은 맛을 내는 요리 방법을 추구합니다.

준비물

1. 소고기(양지, 사태, 국거리) 300g
2. 미역 40g~(성인 남성 손으로 1.5~2 주먹 정도)
3. 다시마 아주 조금
4. 들기름 또는 참기름
5. 액젓(참치 또는 멸치) 한 숟가락, 간장 세 숟가락
6. 간 마늘 한 숟가락

진행 과정

(사전 준비)

1. 아무 통에나 물을 여유 있게 받은 후, 미역을 다 넣고 5분 정도 불려줍니다.
2. 불린 미역은 흐르는 물에 박박 씻어줍니다.
   *진짜 급하시면 못 불린다고 해도 엄청난 문제는 아닙니다. 다만 이물질이 미역에 남아 있을 수 있고 양을 제대로 예측 못해서 이따 끓을 때 냄비가 미역으로 넘쳐날 수 있어요.
3. 소고기는 키친타월로 핏물만 살짝 제거해 주시고, 한입에 넣기 좋은 정도 크기로 잘라주세요.

(조리순서)

1. 여유 있게 큰 냄비에 들기름 또는 참기름을 살짝 두르고 소고기와 간 마늘, 간장 한 숟가락을 넣고 약한 불로 슬쩍 볶아주세요. 고기 겉면이 살짝 노랗게 익을 때까지요.
   *고기가 냄비에 눌어붙을 수 있으니 자주 휙휙 저어주세요.
   *참기름과 들기름은 강한 불에 조리하면 몸에 좋지 않은 성분이 나와요.
2. 불려 놓았던 미역과 다시마를 그 냄비에 넣어주시고 고기와 같이 조금 볶아주세요. 미역 속 물이 좀 들어가서 타지는 않을 겁니다. 이제 냄비 높이에 90% 정도까지 물을 채워 주세요.

3. 거의 다 됐어요. 불을 보통 불로 올려 주시고 계속 끓여주세요. 오래 끓일수록 맛은 더 있을 텐데, 최소 30~40분 이상은 끓여주세요. 괜히 초조하게 계속 확인하실 필요 없어요. 육아 중이시면, 할 일이 태산같이 많으실 테니 다른 일 하시고 다만 끓고 있는 미역국의 존재를 잊지만 말아 주세요.

   *물이 많이 졸아들면 생수를 그냥 더 부어서 보충해주세요.

   *불을 너무 세게 하면 소고기 육즙이 빠져나갈 수 있어요. 그냥 중간 불 그대로 두시고 끓여 주세요.

4. 40분 이상은 끓였다 하면, 액젓 한 큰 숟가락 정도, 간장 두 큰 숟가락 정도 넣어주시고(액젓이 없으면 그냥 간장으로만) 휘저으면서 조금 더 끓여주세요. 간이 짜면 생수를 더 넣어서 조금 더 끓여 주시고, 간이 싱거우면 간장을 한두 숟가락 더 넣어주세요.

요약 포인트

미역국을 한 번 정도라도 끓여 보신 분들은, '뭐야 이거 미역국 원래 레시피랑 거의 똑같잖아?' 하실 수도 있습니다. 맞는데요, 제가 끓이는 방식의 핵심은, 살짝 과할 정도로 미역을 많이 넣는다. 그리고 생각하시는 것보다 오래 끓인다는 것입니다. 미역국에서 국물맛을 좌우하는 건 미역이기 때문에, 미역을 충분할 정도로 넣고 오랜 시간 끓여 주시면 굳이 뭘 많이 첨가하지 않아도 어지간하면 괜찮은 맛이 납니다. 무서워하지 마시고, 그냥 미역하고 소고기 많이 넣고 한참 끓이면 일단 최소한 국물은 고소하고 깊은 맛이 난다고만 생각하셔요.

참 그렇다고 처음에 미역 두 주먹 이상 넣고 불리시면 미역 양이 정말 엄청나게 많아집니다!

2장

열심이지만 여전히 서툰 초보 아빠입니다

아기를 어린이집에 보내자고?

내 성격과는 맞지 않게 머리카락이 빠질 정도로 고민을 했다. 사람들마다 말이 다 너무 달라서 정말 고민을 오래 한 문제였다. 그건 바로 아기를 어린이집을 보내는 것이었다.

육아휴직을 시작한 지 6개월 정도가 지났을 때였다. 아기가 잠들면 여러 책을 읽고 저녁에는 수영, 헬스 등의 운동이나 전화 영어, 전화 중국어를 하며 나름대로 보람찬 하루를 보내려 하고 있었다. 한동안 컨디션이 좋지 않길래 종일 아기를 보고 일찍 자고를 반복했더니 몸 상태는 조금씩 회복이 되었다. 그런데 정신적으로 점점 에너지가 떨어지는 게 확연히 느껴질 정도였다. 그걸 경험한 후로 밤에 짧게라도 자기 계발을 하려 노력하는 중이었다. 그러다 보니 나의 일과는 하나 툭 잘못 건드리면 우르르 무너지는 블록 쌓기처럼 굉장히 촘촘했다. 아기 밥 세 끼와 나와 아내가 먹을 밥도 해야 했다. 거기에 아기 간식도 좀 만들고 집이 더러운 꼴을 잠시 못하는 성격상 설거짓거리가 쌓이는 것이나 바닥에 정리가 되지 않은 물건들이 막 돌아다니는 것도 버티기 어려웠다. 그래서 결국 온종일 쉴 틈 없이 움직이다가 아기가 7시 30분~8시쯤 잠들면 그때부터 집안일 마무리해 놓고 또 자기 계발을 했다. 그러다 보니 자연히 살은 좀 빠졌고 어떨 때는 극심한 피로감에 넋이 나간 채 멍한 상태로 있을 때도 종종 있었다.

아내와 양가 부모님은 나를 볼 때마다 걱정하기 시작했다. 먼저 말을 꺼낸 건 아내였다.

"여보 학기가 시작되는 3월이 되면 공주 18개월 정도 되니까 그냥 어린이집 보내기 시작해요. 하루 종일 애랑 할 게 뭐가 있겠어요?"

나는 내가 집에 뻔히 있는데 아기를 뭐하러 어린이집을 보내냐며 괜찮다고 거절했다. 그런데 의외로 양가 어머님들까지 나를 설득하기 시작했다. 아내와 어머님들의 주 설득 논리는 이러했다.

"아빠랑 시간을 보내는 게 아기는 너무 행복하겠지만, 아빠랑만 보내는 것보다는 또래 친구들을 좀 경험해 보는 것도 좋지 않겠냐."

"종일 아기 보느라 지쳐 있는 아빠랑 노는 것보다는 아기가 어린이집 간 동안 충분히 회복해서 에너지가 넘치는 아빠랑 노는 게 아기한테도 좋지 않겠냐."

처음에는 완강하게 거절하다가 듣다 보니 그럴듯하기도 했다. 아마 내 무의식 깊은 곳에서는 나도 좀 쉬고 싶다는 마음이 크게 작용했을 거 같다.

그렇게 인터넷 창을 켜서 '아기 어린이집'을 검색해 보니 처음 보는 커뮤니티들도 많이 보였다. 여기저기 기웃기웃하며 검색해 보는데 온라인상에서도 '언제 아기를 어린이집에 보내면 좋을지' 관련해서 논쟁이 아주 치열했다. '당연히 어린이집을 늦게 보내는 게 좋다. 솔직히 엄마가 자기 아기 한 명 보는 것도 힘들어서 그냥 남한테 맡기는 거 아니냐. 그게 좋을 리가 있냐?' 하는 어린이집 반대파와 '어린이집에서 다양한 체험을 하는 게 왜 나쁘냐. 그리고 엄마가 행복해야 아기도 행복할 수 있다.' 하는 찬성파가 정말 팽팽하게 맞서고 있었다. 글을 읽을수록 마음이 한쪽으로 정해지는 게 아니라 더욱 심란해지기만 했다. 다음 날 아침 아기가 컵에 담긴 우유를 일부러 쏟는 것을 보고 갑자기 화가 나서 아기에게 짜증 내는 나를 발견했다.

"아니, 공주야! 실수한 거면 뭐라 안 하겠는데 이게 뭐냐? 진짜!"

눈칫밥이라고는 먹어 본 적도 없는 거 같은 아기도 갑작스러운 아빠의 짜증에 놀랐는지 표정이 조금은 경직되었다. 그러다 문득 '어차피 이렇게 오랜 시간 고민해도 답이 안 나온다는 얘기는 뭘 선택하든 장단점이 비슷하단 얘기이고, 아기에게 이렇게 짜증이 종종 나는 걸 보니 어린이집 보내 봐야겠다.'라는 생각이 들었다. 그렇게 아내에게도 어린이집 보내자고 얘기를 했고 아내는 잘 생각했다며 어린이집을 함께 알아보기 시작했다.

국공립은 갑자기 신청해서는 들어갈 수가 없을 정도로 대기가 엄청났고,

3월에 학기가 시작하면서 입소할 수 있는 곳 중 괜찮아 보이는 곳 두 군데를 추렸다. 한 군데는 상가 건물에 유치원과 함께 운영하는 민간 어린이집이었다. 다른 한군데는 같은 아파트 단지의 가정집에서 운영하는 가정 어린이집이었다. 가정 어린이집은 선택지를 한 군데만 뽑긴 뭐해서 후보로 함께 뽑은 정도였고 우리 부부의 마음은 거의 상가 어린이집으로 기울었다. 왜냐면 우리는 우리 집이 너무 좁다고 생각했는데 아무리 베란다 확장을 했다 하더라도 이 좁은 집에 열댓 명의 아이들이 들어차 있는 것이 비좁지는 않을까 우려되었기 때문이다. 그렇게 같은 날 상담 예약을 두 군데를 잡았다. 그동안 양가 부모님들이 가끔 "공주 아빠" 하고 불러주시긴 했지만 나 스스로 '아빠'라는 느낌이 크게 와닿지 않을 때가 많았다. 그런데 상담 예약을 잡고 나니 굉장히 설레면서도 묘한 기분이었다. '아 나 이제 진짜 학부모구나!' 상가 어린이집은 오전에 아기를 데리고 함께 갔다. 그 어린이집은 시스템이 상당히 체계적으로 잘 되어 있는 거 같았다. 그런데 굉장히 엄격해 보였다. 아기들이 지내고 있는 반을 잠시 보여주었는데, 아기들은 굉장히 정돈된 자세로 조용히 활동에 참여하고 있었다. '아니, 이렇게 어린 아기들이 저렇게 조용히 활동에 참여할 수가 있나?' 하고 조금 놀랐는데 아기들 표정이 그 순간만 그랬을지는 모르겠지만 별로 좋아 보이지 않았다.

오후에는 아내가 조퇴하고 오는 날이어서 아기를 아내에게 맡기고 가정 어린이집에 상담을 하러 갔다. 갔더니 원장 선생님과 상담하는 중에도 옆에 있던 아기가 원장 선생님께 와서 안기기도 하고 아기들이 세상 행복한 표정으로 돌아다니고 있었다. 베란다 확장을 하고 아기들이 꼭 필요할 때 빼고는 반을 가리지 않고 같이 놀기도 하고 약간 융통성 있게 운영을 하는 거 같아 보였다. 그랬더니 공간이 그리 좁아 보이지 않았다. 무엇보다 굉장히 행복해 보이는 아기들의 모습이 진득하게 여운이 남았다. 그래서 첫 예상과는 다르게 우리는 가정 어린이집으로 아기를 보내기로 했다. 다만 육아휴직 동안은 아기를 어린이집에서 점심까지만 먹게 하고 집에 데리고 오기로 했다. 다른 아기들에게 피해를 주진 않을까 우려되어 원장님과 함께 얘기를 해 보았는데, 점심 먹고 난 후고 아기들이 낮잠 자기 위해 준비하는 시간이라 그때 가는 건 별문제가 되지 않는다고 말씀해 주셨다.

그렇게 꽃피는 3월이 되자 아기는 어린이집을 가기 시작했다.

 초보 아빠의 한마디

아기가 어린이집을 가기 시작하면, 개인적인 취미도 생각해 보셔요. 물론 아침에 정신없이 아기 보내고 나면 체력적으로 아주 힘들어서 쉬고 싶다는 생각만 드실 수 있어요. 그래도 일단 취미 활동을 하시면 스트레스 관리하는 데 큰 도움이 될 거예요.

우여곡절
어린이집 적응기

드디어 아기가 어린이집을 가는 날이 되었다. 전날 저녁 아내와 어린이집 가방에 아기 짐을 싸주면서 이 벅차고 아쉽고 걱정되는 이상한 마음을 나누었다. 그날 밤에도 누워서 '잘한 결정이겠지' 하며 생각하다가 이미 결정한 것은 괜히 끄집어내서 생각하지 말자 싶어서 애써 일찍 잠자리에 들었다. 어차피 한동안 아기는 적응 주간이어서 나도 함께 어린이집에 가서 앉아 있고 한 시간 정도씩만 어린이집에서 적응하다가 아기를 데리고 집에 오는 일정이었다. 어린이집을 가자 아기는 뭔가 심상치 않음을 느꼈는지 주변을 계속 두리번거리며 담임선생님이 주시는 사과 간식을 오독오독 먹고 있었다. 평상시에는 내가 아기를 안아 주러 근처에 가면 "엑!" 하면서 도망가곤 했는데 내 곁에서 떨어질 생각을 하지 않았다.

그 와중에 같은 반 아기들은 다들 굉장히 순해 보이고 예뻐 보였다. 그중에 몇몇 아기들은 문화센터에서 만났던 망부석 유형의 아기인지 내 앞에 와서 그 큰 눈을 부릅뜨고 나를 쳐다보며 정체를 알 수 없는 소리를 내고 있었다. "아… 안녕! 삼촌은 공주 아빠야. 너 너무 귀엽게 생겼다!" 하고 말하면서도 망부석 유형의 아기들을 많이 겪어봐서 다음 과정은 상상이 되었다. 역시 예상대로 내가 무슨 말을 하든 아기는 우두커니 서서 계속 나를 바라보고 있었다. 그 아기에게 공주를 좀 인사시켜 보려 했으나 공주는 역시 모르는 척했다. 그렇게 첫날은 한 시간 정도 머무르고 집으로 향했다. 아기가 분명 평상시에 비해 조금 얼어붙어 있는 건 느껴졌지만, 우려했던 거보다 괜찮아 보였다.

그렇게 1주일의 시간이 지났다. 아기를 9시 30분부터 12시 30분까지 나 없이 세 시간을 어린이집에 맡기는 날이 왔다. 어린이집 현관문 벨을 누르고 기다리니 담임선생님이 나오셨다. 안고 있던 아기를 선생님께 넘기는데, 아기는 울기 시작했다. 담임선생님은 "공주는 금방 적응할 것 같아요. 너무 걱정하지 마세요, 아버님!" 하고 말씀해 주셨다. "네, 잘 부탁드립니다." 하고 어린이집 문이 서서히 닫히는 모습을 보고 있자니 가슴이 너무 아팠다. 닫힌 문 앞에 한동안 우두커니 서서 '내가 잘한 일이 맞나?' 하고 또 한 번 생각했다. 혹시나 아기가 너무 울어서 갑자기 전화 오지는 않을까 싶어서 핸드폰을 계속 확인하며 집에서 '5분 대기조'를 하고 있었다. 다행히 전화는 오지 않았고, 12시 30분에 아기를 데리러 갔더니 아기는 밝게 웃으며 나에게 안겼다. 2주 정도 지나니 어린이집에 내가 데려다주면 아기는 다급하다는 듯이 담임선생님께 안겼다. 나는 "공주, 서운해. 어쩜 이럴 수가 있어." 하고 툴툴거렸다. 아기는 쿨하게 손을 두세 번 흔들어 주고 어린이집으로 쏙 들어가 버렸다. 거기에는 어떤 애잔함과 끈끈함도 없었다. 그저 얼른 가 버리라는 듯 '휘이휘이' 하는 손짓으로 나에게 손을 흔들고는 쏙 들어갔다. 집에서 준비할 때도 "어린이집 가자 공주야!" 하면 아기는 웃으며 잠옷 바람으로 신발을 신으러 갔다. "공주야, 옷은 입고 가야지…." 하며 아기를 진정시키기 바빴다.

결론부터 말하자면, 현재까지는 어린이집을 보내길 잘했다는 생각이 든다. 이래서 '둘째를 낳은 부모들은 아기를 좀 빨리 어린이집에 보내는 경향이 있나?' 하는 생각도 들었다. 집에서는 해주기 어려운 각종 오감 체험 놀이가 상당히 자주 계획되어 있었다. 물감을 뿌리고 놀기도 하고 딸기 축제를 하기도 했다. 어떤 날은 텃밭에 가서 다양한 채소들을 뜯어 왔다. 사진 속 아기는 행복하게 웃고 있었다. 아기의 몸 상태가 좀 좋지 않아 어린이집을 보내지 않으면 아기는 어린이집에 가고 싶다고 칭얼거리기까지 했다. 마치 아빠가 놀아주는 건 재미가 없다는 방증처럼 보여서 기분은 오묘했으나 내 정신 건강을 위해 깊이 생각하지 않기로 했다. 유일한 단점은 전에 비해선 아기가 종종 아프기 시작했다는 점이다. 아기를 집에서 17개월 키우면서 아기는 열이 39도를 넘은 적이 한 번도 없었다. 콧물도 거의 흘리지 않았고 기침도 잘 하지 않았다. 그런데 어린이집을 다니기 시작하고는 잔잔하게 자주 아팠다. 한 번은 열이 40도까지 오르며 아기가 끙끙 앓기 시작했다. 아내는 한 번도 이렇게 아픈 적 없던 아기가 힘들어하자 누워 있던 아기 옆에 쭈그려 앉아 눈물을 훔쳤다. 나는 그 옆에서 '나는 아빠야. 나는 약해지면 안 돼!' 하고 마음을 다 잡고 입을 열었다.

"열이 나면 바이러스의 활동력이 약해져요. 몸의 정상적인 반응이니까 공주는 괜찮…."

말을 하다가 아기와 눈이 마주치자 눈물이 터져 나왔다.

"공주야… 흑흑…."

아기는 고개를 돌려 울고 있는 엄마 아빠를 차례로 보더니 눈을 질끈 감아버렸다.

아무튼 나는 처음 어린이집에 말씀드렸던 대로 육아휴직이 끝나기 직전까지 세 시간 정도만 보내고 12시 40분에 아기를 하원 시켰다. 그런데도 아기는 자주 아팠다. 그때마다 아기에게 미안한 마음이 들었다. 하지만 그 세 시간 동안 나는 충분히 신체적으로, 정신적으로 충전을 한 상태였고 에너지 넘치는 모습으로 아기를 만났다. 그래서 아기에게도 오후 시간에 더 긍정적인 에너지를 주었다. 점심 한 끼를 차릴 필요가 없다는 것도 정말 중요하게 작용했다. 아픈 아기를 보며 미안한 마음에 눈물 흘렸던 것이 무색하게 아기가 몸 상태가 좋지 않아서 어린이집을 보내지 않는 날은 그렇게 어색하고 하루가 바쁠 수가 없었다. '이래서 부모들이 방학을 그토록 무서워하는구나!' 하고 이해가 되었다.

어린이집에 아기를 데리러 가는 길이면 긴 복도의 끝까지 선생님들이 하하호호 아기들과 웃으며 놀아주시는 소리가 들렸다. 세상에… 내 자식 내가 보기도 어떨 때는 도를 닦는 일이라고 생각했는데, 정말 놀라울 따름이다. 내 아기의 하루 중 상당한 시간을 매일 함께해 주는 인연이 생각보다 참 보통 인연은 아니라는 생각도 들었다. '엄지 공주'라며 딸을 끔찍이도 예뻐해 주시는 선생님들께 그저 무한한 감사와 존중의 마음만 든다.

 초보 아빠의 한마디

가정 어린이집끼리도 운영 방식이 굉장히 차이가 크게 나는 거 같아요. 어떤 곳은 보육에만 집중하는 곳이 있고 어떤 곳은 굉장히 다양한 프로그램을 운영하기도 합니다. 많은 지역에서는 '어린이집 좋은 곳을 고르는 게 문제가 아니라, 보낼 수만 있으면 감사하지…' 하는 수준으로 어린이집을 보내기 힘들긴 한데, 선택의 여지가 있다면 다양한 곳에서 상담해 보시는 게 좋을 듯합니다.

아빠가 되고,
내 아버지를 다시 보니

　내 아버지는 '아버지' 하면 바로 떠오르는 일반적인 이미지의 아버지들과는 조금 다르셨다. 내가 일반적으로 상상하는 아버지들은 딱 보기에 굉장히 냉철해 보이고 굳건해 보이며 쉽게 접근하기 어려운 위엄을 갖춘 모습이었다. 하지만 내 아버지는 그런 모습과는 굉장히 거리가 멀었다. 아버지는 70대가 되신 지금도 아이처럼 해맑게 웃으시고 얼굴에 그늘이 없다. 자주 웃으셨기 때문에 웃음을 따라서 자연스럽게 생긴 주름살이 웃고 계시지 않을 때도 웃는 것처럼 보일 정도로 환한 분이다. 정체를 알 수 없는 창작 멜로디에 "나는 마늘이 좋다아!"라는 정체를 알 수 없는 가사를 붙여 노래를 부르시기도 했다. 사람들이 아버지를 처음 만나면 세상 온갖 로맨틱한 행동들은 다 도맡아 하는, 세상 자상한 남자라고 상상하곤 했다. 자상하시긴 하셨으나 아주 보수적인 가정에서 자라신 덕에, 살아오시는 동안 온갖 힘든 일들은 하셨어도 주방과 관련된 일은 해 보신 적이 없으시다. 평생 라면 하나 잘 끓이시지 못하셨다. 어쩌다 보니 은퇴도 아주 일찍 하셔서 집에 계셨지만, 그럼에도 불구하고 주방일은 거의 하지 않으셨다.

내가 육아휴직을 시작하고 한동안은 아내가 일 때문에 너무 바빠 보였다. 오랜만에 출근하니 보통 버거운 게 아니었을 거다. 나와 아기가 집에 있어 봐야 영혼이 나가서 퀭한 눈으로 우리를 보며 "어… 왜…?" 하고 답하는 껍데기만 남아 있는 아내를 마주해야 했다. 아내도 감당하기에 너무 많은 일과 나와 아이에 대한 미안함 사이에서 힘들어하는 듯했다. "일 때문에 바쁜 건데 미안해할 게 뭐 있어?" 아내에게 며칠 집에서 열심히 일을 다 끝내놓으라고 하고 아기와 부모님 댁에 며칠 가 있기로 했다. 부모님에게 아기를 데리고 며칠 가 있겠다고 말씀드리자 굉장히 반기며 기뻐하셨다. 부모님 댁에서 머물던 어느 날이었다. 아기가 거실에서 햇빛을 받으며 열심히 놀다가 갑자기 엉거주춤한 자세를 취했다. 눈썹은 일자가 되었고 미간에 주름이 살짝 잡히며 눈가를 씰룩이기 시작했다. 볼에는 볼 터치를 한 듯 핑크빛이 번졌다. 그 쪼그만 입을 옴쏙옴쏙하더니, 입에서는 알아들을 수 없는 작은 웅얼거림이 시작되었다.

"공주가 갑자기 잘 놀다가 왜 저러냐?" 함께 손뼉을 치고 웃으며 아기를 지켜보시던 아버지가 먼저 입을 떼셨다.

"똥 싸는 중이에요."

"똥 싸면 어떡하냐?"

"씻겨줘야지 뭘 어떻게 해요." 나는 당연하다는 듯 대답했다.

아기는 잠시 후 얼굴이 벌게진 채로 짧은 외마디 외침을 하기 시작했다. 나는 말했다.

"똥 다 쌌나 봐요."

다가가서 기저귀를 살짝 열어 보니 황금빛 똥이 번쩍번쩍, 존재감을 빛내고 있었다. 이미 성인이 먹는 것들을 슬슬 먹기 시작한 아기의 똥은 성인의 똥과 비슷한 냄새가 났다. 꼬물거리는 저 작은 몸에서 이런 엄청난 생산물을 만들어낼 수 있다는 것도 기적적으로 느껴졌다. "오, 이번에도 황금똥이다! 잘했어, 공주!" 얼마 전까지 변비로 고생하던 아기는 그동안 먹던 유산균을 꽤 비싼 유산균으로 바꾸고 거기에 부모님 표 백김치를 먹기 시작하면서 갑자기 아주 훌륭한 점도의 똥을 싸기 시작했다. 너무 딱딱하지도 너무 물컹하지도 않은 완벽한 똥이었다. 똥 닦는 수건과 기저귀를 아기 옆에 깔아 놓고 아기의 바지와 기저귀를 벗긴 후에 화장실로 아기를 안고 갔다. 아기는 자신이 어렵지 않게 똥을 싼 것이 아주 만족스러웠는지 내 품에서 잠자코 의기양양한 표정을 지으며 안겨 있었다. 똥을 처리하는 과정이 궁금하셨는지 거실에서 지켜보시던 아버지도 화장실에 따라오셨다. 아기의 누운 자세를 지탱해 줄 똥 닦을 때 쓰는 아기 비데를 세면대에 단단히 고정하고 그 위에 아기를 눕힌 후 물이 따뜻해지게 물을 잠시 틀었다. 습기가 촉촉하게 있는 황금 똥을 싼 덕분에 아기의 다리와 엉덩이 쪽에는 여기저기 똥이 꽤 묻어 있었다. 아버지는 이제 어쩔 거냐는 표정으로 날 바라보고 계셨다. 흐르는 물을 손에 담아 엉덩이를 살살 닦아주기 시작하자, 아버지는 깜짝 놀란 표정을 지으셨다.

나중에 가족이 함께 모여 식탁에서 저녁을 먹고 있었는데, 아버지는 어머니께 웃으며 말씀하셨다.

"훈남아빠가 아빠가 다 되긴 했어, 여보. 저 깔끔 떨던 녀석이 아까 공주가 싼 똥을 닦는데 똥을 손으로 박박 닦더라고."

"아니 공주의 똥을 먹어야 한다면 먹기도 할 판에 손으로 씻는 게 뭐 별거인가요?" 하고 대답하고 멋쩍게 앞을 보았는데, 아버지는 말없이 날 보며 환하게 웃고 계셨다. 아버지의 미소를 따라 생긴 수많은 주름들을 보며 '이제 저도 아버지처럼 아빠가 되었네요, 아버지….' 하며 살짝 감상에 젖으려 하는데 아버지께서 "술 먹어 술! 맥주 정도는 괜찮지 않겠어? 공주 잘 자는데 뭐." 하시는 바람에 올라오던 감성이 금세 달아났다.

사실 시대를 앞서가진 못하셔서 남자로서 뭘 해야 할지를 몰랐을 뿐, 내가 아기를 사랑하는 것만큼 어쩌면 그보다 더 아버지는 나를 사랑해 주신 것을 알고 있다. 그리고 사실 내가 이렇게 육아휴직을 하며 아기에게만 집중하고 다른 스트레스 없이 지낼 수 있는 것에는 부모님 덕이 크다. 우리 부모님 역시 보수적인 사고를 가지고 계셔서 내가 크는 동안 나는 주방에 한번 들어가 본 일이 없었다. 결혼하고 아기가 생기더니, 10개월 아기를 데리고 갑자기 육아휴직을 시작해서는 허구한 날 주방에서 요리와 씨름하고 맨날 바닥 기어 다니며 청소만 하는 아들을 보고 부모님은 환하게 웃으며 말씀해 주셨다.

"그래, 몸 아껴서 뭐 할 거여. 우리 아들 이렇게 멋지게 변해 주어서 자랑스럽다."

부모님은 많이 배우시지 못하셨지만, 내가 아무리 지식을 많이 배우더라도 부모님만큼 지혜로울 수 없을 거 같다. 그래서 내가 세상에서 유일하게 존경하는 분은 나의 부모님이고 나 또한 내 아이에게 존경받는 아버지가 되고 싶다.

여름 특선,
세상에서 제일 무서운 소리

고백하자면 나는 꽤 겁이 많은 편이다. 어두컴컴한 곳에 혼자 들어가게 되면 괜히 팔을 좌우로 휙휙 휘저어 본다. 그러다가 휘두른 팔에 뭔가 닿는 느낌이라도 들면 소스라치게 놀라며 가까스로 비명을 삼킨다. 그 와중에도 비명까지 지르는 건 너무 민망하다고 생각하기 때문에 본능을 거스르는 듯하다. 특히나 소리에 상당히 민감한 편인데, 왜냐면 소리는 온갖 상상력을 자극하기 때문이다. 시야가 차단된 채 낯선 소리만 들리면, 눈으로 어떤 상황인지 꼭 확인하고 싶어진다.

나는 이렇게 겁이 많음에도 불구하고 어릴 때부터 공포 영화를 굉장히 좋아했다. 그런데 잔인한 장면이 많은 공포 영화는 굉장히 혐오한다. 연쇄 살인마가 잔인하게 사람을 해치는 영화는 정말 최악이다. 그중에서 그리 잔인하지 않아도 수작이라고 평가받는 유명한 영화 〈쏘우 1〉조차도 나는 정말 싫었다. 내가 좋아하는 공포 영화는 귀신이 나오는 공포 영화이다. 그

중에서 정말 정말 수작이라고 생각하는 영화는 대만의 공포 영화 〈실크〉이다. 이상할 정도로 흥행을 못 했는데, 우연히 보게 되었다. 이 공포 영화의 귀신의 콘셉트를 아주 간단히 이야기해 보자면, 귀신과 눈이 마주치면 귀신이 심장을 멈추게 해 눈이 마주친 사람을 죽인다. 이 영화에는 엄청난 명장면이 있다. 등장인물 중 한 명이 귀신과 눈이 마주치면 죽게 된다는 사실을 알게 되었다. 그리고 저 멀리서 귀신이 자신을 따라오고 있다는 것을 알았다. 그는 주저앉아서 귀신을 보지 않기 위해 눈을 꼭 감고 있다. 귀신은 눈을 꼭 감고 있는 그의 눈앞에서 위아래로 계속 왔다 갔다 하며 눈을 마주치고자 한다. 그는 눈앞에 귀신이 있다는 사실을 눈치 챘다. 눈을 뜨지 않으면 살 수 있을 텐데 눈을 떠서 그 앞에 공포의 실체를 너무나 확인하고 싶어 하는, 그 쫄깃한 장면은 정말 일품이다.

육아 얘기하다가 갑자기 웬 공포 영화 이야기를 하고 있는가 하면, 바로 이런 이유 때문이다. 먼저 나와 아기가 잠을 잘 때의 모습을 간단히 설명할 필요가 있을 거 같다. 아기는 바닥에 딱 붙어 있는 범퍼 침대를 쓴다. 그 침대는 아기가 굴러다니다가 다치는 것을 방지하기 위해 사방에 높은 쿠션으로 막혀 있는 형태이다. 그리고 나랑 아내는 그 바로 옆에 일반 침대를 붙여 놓고 잔다. 말하자면 우리가 침대에 그냥 누워 고개만 돌려서는 아기가 잘 자고 있는지 어쩐지 높이 차 때문에 보이지 않는다는 얘기이다.

하루 중 가장 행복한 시간을 뽑으라면, 아기가 낮잠을 잘 시간이다. 아기와 열정적으로 오전을 보내고 아기가 낮잠을 자는 시간은 정말 꿀 같다. 거기다 아기는 낮잠을 1시간 30분에서 2시간 정도까지 자 준다. 아기와 거실에서 놀다가 낮잠 시간이 되면 집에 있는 거의 모든 사물들에게 인사를 하기 시작한다.

"공주야, 인사 시작하자! 아이스크림 카트 안녕~ 무지개 공 안녕~ 콩순이 안녕~ 곰 인형 안녕~"

그렇게 한참 인사를 하고 나면 아기는 이유는 짐작할 수 없지만 상당히 뿌듯한 표정을 지으며 순순히 낮잠을 자러 가는 것이었다. 허리를 숙여 아기 침대에 아기를 눕히며 토끼 인형과 애착이불을 쥐어 주고 뽀뽀를 해 준 뒤 "공주야 낮잠 몇 시간 자고 좀 이따 만나!" 하며 나도 침대로 올라가 벌러덩 눕는다. 그러면 아기와 나의 행복한 낮잠 시간이 시작된다. 나는 보통 침대에 누워서 내내 책을 읽거나 책을 읽다가 낮잠을 자기도 했다. 그런데 문제는 어떨 때는 아기가 30분 정도 자고 완전히 개운하게 일어나 버리는 것이었다.

아기와 오랜 시간 함께 잠을 자다 보니 알게 된 것이 있다. 아기가 쌔근쌔근 숨소리를 내고 있을 때는 당연히 아기는 자는 중이다. 그리고 아무 소리가 나지 않으면 대체로 자는 중이다. 그런데 아주 조금이라도 부산스러운 소리가 들린다고 하면 그건 깨어 있을 확률이 굉장히 높다는 것이다. 평화롭게 책을 읽다가 갑자기 아기의 침대 쪽에서 '바스락바스락' 소리가 들린다. 그러면 내 심장 박동은 빠르게 뛰기 시작한다. '아니, 잠깐… 아직 공주가 잠든 지 30분밖에 안 됐는데, 이건 이럴 리가 없지. 에이, 설마지 이건.' 바짝 숨을 죽인 채 귀를 쫑긋 세우고 아기 침대 쪽 소리를 민감하게 살핀다. 아무 소리가 나지 않고 조용하다. '아, 그럼 그렇지. 괜히 깜짝 놀랐네.' 하며 다시 책을 집어 드는 그 순간, 공포 영화의 한 장면처럼 다시 '바스락' 소리가 딱 한 번 난다. 다시 심장은 요동치고 머릿속은 혼란스러워진다.

영화 〈실크〉의 장면이 계속 떠오른다. 이 '바스락' 소리의 정체를 너무나 확인하고 싶다. 애당초 그냥 어쩌다 아기의 몸이 뭔가에 닿는 소리가 났을 뿐 아기는 자고 있을지 모른다. 괜히 확인하지 않는다면 아기가 잠시 깼더라도 조용히 다시 잠이 들 가능성이 있다. 부들부들하며 머릿속으로 온갖 시뮬레이션을 돌려 보다가, 이 소리의 정체가 너무 궁금해서 참을 수가 없다. 몸을 낮게 일으키고 고개만 높게 들어 아기의 침대 쪽을 조심스럽게 확인한다. 그 순간, 누워서 애착이불을 '바스락바스락' 만지던 아기의 예쁜 눈과 딱 마주친다. 순간적으로 현실을 부정하고 싶어 몰려드는 오만가지 감정을 애써 억누른 채 빠르게 미소를 지으며 아기에게 인사를 건넨다.

"어! 공주야 코 잘 잤어?"

하지만 미련을 버리지 못한 채 한 번 괜히 물어본다.

"에이, 왜 30분밖에 안 잤어~ 우리 조금만 더 잘까?"

아기는 무슨 소릴 하는 거냐는 듯 나를 쳐다보고 이내 양팔을 나를 향해 쭉 뻗는다. 쓸데없는 소리 그만하고 자신을 안고 밖으로 나가란 의미이다.

아기와 잠을 자다가 아기 쪽에서 나는 작은 소리는 그 어떤 공포 영화의 소리보다 강렬하게 나의 심장을 요동치게 만든다. 아기 침대 쪽에서 갑자기 조용히 "부스럭… 부스럭….", 소리가 들려온다. 나의 심장은 더없이 빠르게 요동친다.

아무래도 이번 여름에는 공포 영화를 따로 챙겨 볼 필요가 없을 거 같다.

전복 가족의
삶을 해체하다

아기는 언제나 밥을 딱히 엄청나게 많이 먹지도, 그렇다고 안 먹는 것도 아니었다. 가끔은 내가 아기 밥을 해 놓고도 '와 진짜 맛있다 이거!' 할 정도로 감탄이 나올 때도 있었는데 아기는 그렇다고 해서 많이 먹지는 않았다. 많이 먹든 조금 먹든 나는 아기가 내가 견디기 너무 힘들어하는 그 행동을 하지만 않는다면 괜찮았다. 그건 바로 '음식물이 입안으로 완전히 들어가지도 않았는데 입술 부근에서 잠시 머물다가 퉤 뱉고는 다시는 먹지 않겠다고 거부하는 충격적인 행위'였다. '조금이든 적당히든 먹기만 하면 되는 거지, 뭐…'

그러던 어느 날 부모님 댁에 갔더니 엄마가 전복을 버터에 구워서 아기에게 주셨다. 그랬더니 아기가 걸신들린 것처럼 전복을 마구 집어 먹기 시작했다. 나도 이것저것 많이 해 먹여 봤는데 그렇게 잘 먹는 건 오랜만에 보는 광경이었다. 그 모습을 보시던 엄마는 말씀하셨다.

"애가 이렇게 잘 먹는데 전복 좀 손질해서 주지 왜 한 번도 안 해 줬냐?"

"어릴 때, 많이 먹어 보던 걸 애한테 해주지 거의 안 먹어봤는데 해주게 되나요?"

엄마는 그때는 전복이 지금과 다르게 엄청나게 비쌌다며 말을 돌리셨다. 아무튼 그때 아기의 모습이 꽤 기억에 남아 있다가 다음번 장 보러 마트를 갔을 때 번쩍 떠올랐다. 전복 할인 문구를 보자마자 고민도 하지 않고 일단 그냥 전복을 사 버렸다. 그런데 그때는 미처 생각하지 못했다. 왜 전복이 물이 담긴 커다란 봉지 안에 들어 있는지.

집으로 가져와서 아기에게 전복 먹일 생각에 기뻐하고 있었는데, 그 봉지를 가만히 들여다보고 있자니 이 전복들은 역동적이지는 않았으나 분명 살아 있었고 서로가 서로에게 끈끈하게 붙어서 유대감을 형성하고 있는 한 집단처럼 보였다.

"이… 이건 전복 가족들이 함께 잡혀 온 거 아닌가…?"

나는 서둘러 인터넷을 찾아보았다. 인터넷에서는 이 사태가 굉장히 별거 아닌 것처럼 말했다.

> **전복손질법**
> 1. 박박 닦는다.
> 2. 숟가락으로 전복 살을 뽁! 분리해 낸다.
> 3. 칼로 이빨 부분을 잘라낸다.
> 4. 모래집도 잘라낸다.

그 글을 보자 좀 안심이 되었다. '오! 이거 뭐 간단하네!' 그렇게 나는 서로 붙어 있던 전복들을 한 녀석씩 떼어낸 다음 칫솔로 전복을 박박 씻었다. 전복들은 간지럽다는 듯 꿈틀꿈틀거렸다. 그리고 숟가락을 꺼내어 들었다. 거기서부터가 문제였다. 나는 다슬기나 소라게 같은 걸 상상했다. 전복이 그 껍데기를 모자처럼 쓰고 다니는 거라고. 분명 인터넷에서도 숟가락을 넣고 쓱! 하면 뽕! 하고 전복들이 분리되는 느낌이었다. 그런데 숟가락을 넣어 보니 전복과 껍질이 아주 단단히 붙어 있었다. 마치 이걸 숟가락으로 따는 순간 전복은 죽게 될 것처럼 말이다. 물론 그 순간에 죽든 나중에 죽든 어차피 그 살아 있던 전복은 아기의 입에 들어가면서 죽게 될 운명이긴 했다. 그런데 나는 그 죽음의 느낌이 너무 싫어서 안절부절못하고 있었다.

내 생애 가장 내가 하기 싫은 손질은 오징어 손질일 줄 알았다. 그런데 전복 손질은 살아 있는 녀석의 목숨을 내 손으로 직접 거둬야 하는 엄청난 일이었다. 기기다가 그냥 '에이, 모르겠다!' 하고 어디 끓는 물에 퐁당 빠뜨려 죽이는 게 아니라 숟가락을 푹 질러 넣어 그 숟가락의 끝에서 생명이 소멸하는 느낌을 오롯이 느껴야 했다. 내가 전복을 앞에 두고 부들부들하고 있자 뒤에서 보고 있던 아내가 말했다.

"여보, 어려우면 그냥 전복 먹이지 말자. 여보 생명 죽이는 거 엄청나게 싫어하잖아요."

잠시 고민하다 보니 뒤에 서서 나를 구경하던 아기가 보였다.

"아흑… 공주야… 아빠가 널 위해 한다….'

막상 힘을 주니 그냥 툭툭 나오긴 했는데 역시 그 손끝으로 전달되는 느낌은 너무 불편했다. 그렇게 이빨과 모래집까지 제거된 전복은 굉장히 초라해졌다. 나는 버터구이로만 이 적은 양의 전복을 주는 게 좀 아쉽다는 생각이 들어서 잠시 고민하다가 버터 전복 볶음밥을 만들어 주기로 했다. 항상 식단을 쉽게 하려고 온갖 영양을 한곳에 집약시키는 것을 좋아하는 나는, 전복에 밥과 숙주나물, 버터, 마늘, 들기름을 넣는다면 영양상으로 균형이 잘 맞고 괜찮겠다는 생각을 했다. 전복 손질이 좀 꺼림칙했을 뿐, 볶음밥은 매우 간단했다. 이건 레시피를 보고 한 건 아니고 그냥 내 생각대로 했다. 버터 전복은 잘 먹었는데 볶음밥도 잘 먹으려나 하고 아기에게 줬는데, 아기가 한 입 먹더니 발을 동동거리며 음미를 하기 시작했다. 그러더니 정신없이 전복 볶음밥을 먹어 대기 시작했다. 아기는 밥 한 그릇을 다 먹고 난 다음, 영화에서 흔히 나오는 철창에 갇힌 분노한 침팬지처럼 식탁을 마구 두드려대기 시작했다. 얼마 남지 않은 양도 다 먹고 밥그릇을 가리키며 더 달라고 난리가 났다. 과일 공세로 간신히 분노를 잠재웠다. 다음번 할 때는 조금 더 여유 있게 해서 나도 아기가 남긴 한 숟가락을 딱 먹어봤는데 아기가 왜 그런 반응을 보였는지 이해가 되었다. 아내에게도 해 주고 싶어 아내가 저녁에 퇴근해서 돌아오자마자 전복 볶음밥을 해 주었는데 아내도 아기도 그릇에 고개를 파묻고 얼굴을 들 생각을 하지 않았다. 그 모습을 보고 있자니 굉장히 행복하긴 했다.

문제는 아기가 전복을 너무 좋아하게 되었다는 것. 아내도 해 달라고 직접 말은 못 하지만 엄청난 양을 먹어 보고 싶다고 지나가듯 말했다. 별다른 수가 없었다. 나는 오늘도 최대한 꿈틀거리는 전복들과 눈을 마주치지 않으려 노력하며 숟가락으로 한 녀석 한 녀석을 분리하고 있다.

"미안해, 전복들아…."

아빠가 해 보니
육아의 진짜 힘든 점

육아를 해 보니 육아가 힘든 데에는 여러 가지 이유가 있다. 매일 큰 긴장감 없이 똑같은 하루가 반복된다는 것, 내 얘기를 들어줄 성인이 거의 없다는 것, 아기는 가끔 웃고 대체로 짜증을 낸다는 것, 아기와 놀아주는 일은 생각보다 엄청난 체력을 요한다는 것 등등이 있다. 이런 여러 가지 이유들 중에 눈에 드러나지 않게 사람을 힘들게 하는 것이 있다. 육아가 그렇게 가치 있는 일이라고 여겨지지 않는다는 점이다. 사람들은 말은 '육아 힘들지.'라고 하지만 사실은 자신도 모르게 경제적인 관점에서 육아를 판단하곤 한다. 마음속 깊은 곳에서는 돈 한 푼 벌어오지 못하는 생산적이지 못한 활동으로 여기는 것이다. 거기에 육아를 제대로 해 보지 않은 사람들은 '직장 생활이 얼마나 힘든데 직장 생활을 제대로 안 해 봐서 그렇지 그까짓 거 애만 가만히 보면 되는데….'라고 생각하기 쉽다. 그러다 보니 엄마 아빠 자신도 육아하는 것을 생산성 없는, 크게 가치 없는 일을 하고 있다고 여기게 된다. 그리고 그런 일을 매일 반복해서 하는 자신들의 자존감까지 계속

해서 낮아지게 된다. 내가 출근을 할 때를 떠올려 봐도, 직장에 나가는 것은 굉장히 역동적이며 결과가 빠르게 나타난다. 내가 계획한 프로젝트가 성공적으로 진행되는지, 보완할 점들이 잔뜩인 실패한 프로젝트인지 당장에 눈으로 확인할 수 있다. 또한 내가 열심히 일해 온 것, 남들이 하기 싫어 하는 일들을 내가 한 것에 대해 완전히 비례하진 않지만 성과급이나 기타 보상으로 눈에 띄게 보답이 돌아온다.

하지만 육아는 그렇지가 않다.

좀 더 잔인하게 말하면, 육아의 대부분은 실패하고 있다는 인상을 준다. 좋은 의도를 가지고 귀찮음을 무릅쓰고 한 나의 행동에 아기는 눈물방울을 뚝뚝 흘리고, 열심히 놀아주고자 했을 뿐인데 아기는 어딘가에 걸려 넘어져 바닥에 머리를 박고 이마에 혹이 나기도 한다. 적어도 나의 경우에는 육아하면서 '와, 이건 정말 성공적인 교육이었어!' 할 수 있을 만한 건 거의 없다고 생각한다. 그러다 보니 직장 생활을 하는 사람이 육아를 하는 사람보다 훨씬 중요한 일을 하고 있다는 생각이 들기 마련이다. 멋진 프로젝트를 성공시키고 직장에서 중요한 역할을 하고, 추가로 받은 성과급으로 소고기를 사 먹을 수 있기 때문이다! '그럼 역시 육아보다는 사회생활이 중요한 것이겠지?' 이것에 대한 해답을 우연히 읽었던 클리스텐슨 교수의 책 『하버드 인생 특강』에서 얻었다. 사람들에게 '가장 중요하다고 생각하는 것이 무엇이냐'고 묻는다면 대부분의 사람들은 '가족이나 자신의 소중한 사람들'이라고 대답할 것이다. 이 책에 따르면 '육아'라는 활동은 다른 활동들에 비해 보답이 굉장히 늦게 돌아오는 편이라고 말한다. 보통은 아이를 '잘' 키웠는지 확인하려면 몇십 년의 시간이 걸리기 때문에, 자신들이 들인 노력들이 빛바랜 것처럼 보인다는 것이다. 그에 반해 사회생활은 즉각적인 보답이 주어지기 때문에, 사람들이 정작 가장 소중하다고 생각하는 자신의 가족에 대해서는 점점 노력하는 비율을 줄이고, 사회생활에 더욱 집중하는 경향이 커진다는 내용이었다. '그래, 지금 내가 이렇게 열심히 공주와 함께한 시간들이 당장에 내가 벌었을 몇백만 원보다 훨씬 더 큰 가치로 미래에 돌아올 거야. 이건 미래를 위한 가장 완벽한 투자이고 나는 우리 가족을 위해 가장 중요한 역할을 하고 있어!' 고개를 끄덕이며 책에 밑줄을 죽죽 그으면서 읽었다.

하지만 성과급을 타 와서 오늘 저녁은 그냥 맛있는 것을 시켜 먹자고, 뭐 먹고 싶냐고 물어보는 아내 앞에서 나는 한없이 작아졌다. 괜스레 무심한 척 핸드폰을 꺼내어 배달 어플을 켜며

"얼마까지 시켜도 되는데?"

"술 사러 마트 가기 너무 귀찮은데 소주도 한 병 시킬게요…?"

하고 물어보는 나 자신을 발견할 뿐이었다. 당장 눈앞에 빛나는 전리품들을 들고 오는 배우자 앞에서, 오늘 하루도 엄마 또는 아빠와 열심히 놀아

서 입가에 가벼운 미소를 짓고 만세 자세로 깊은 잠이 든 아이의 하루는 잘 보이지 않을 따름이었다.

오늘도 수없이 실패하고 있다는 느낌을 주는 육아 현실 속에서 돈을 더 벌고, 열심히 살고 있다는 느낌을 주는 사회생활이 자꾸 떠오르면서 내 하루의 마음은 수천 번 오락가락한다.

양털 카펫 vs 눌어붙은 국수 승자는?

"하다 하다 왜 이런 것까지 닮고 그래?"

나는 쌀을 크게 좋아하지 않는다. 밥을 안 먹는 건 당연히 아닌데, 밥보다는 반찬을 많이 먹는 편이다. 그런 나의 모습을 아기가 힐긋힐긋 본 것인지 뭔지 아기도 쌀을 별로 좋아하지 않는다. 처음에는 억지로 좀 먹여 보려고 노력했는데 아기와 나, 둘 사이에 신경전만 팽팽해져서 쌀이야 때가 되면 언젠가는 먹겠지 하는 심정으로 집착을 좀 내려놓았다. 그럼에도 불구하고 '영양이 결핍되지는 않을까? 탄수화물도 성장하는 아기에게는 중요한데…' 하고 불쑥불쑥 찾아오는 염려는 막을 수가 없었다. 그래서 결국 쌀로 가래떡을 만들어 냉동실에 넣어 놓고 일부 냉장실에 꺼내뒀다가 먹이기 시작했다. 어떨 때는 이 가래떡을 버터에 구워 잘라서 밥 대신 반찬과 먹으라고 주기도 하고 국물에 밥을 말아 주는 대신 떡을 넣어 주기도 했다. 그리고 종종 먹이게 된 것이 국수이다. 그런데 국수는 감당하기가 참 쉽지 않았다. 파스타면은 아무 문제가 없다. 시간이 좀 지나도 파스타면은 주변 다른 물체나 바닥들과는 거리 두기를 했다. 하지만 국수가 문제였다. 국수는 다른 물체나 바닥과 너무 순식간에 친밀해지는지 시간이 오래 지나지 않아도 그들과 일체가 되곤 했다. 물이 증발하면서 접착제처럼 눌어붙었다는 말이다. 국수 덩어리를 떼어내고 난 후에도 그 밑에 남은 국수의 잔해들은 정말이지 잘 지워지질 않았다. 물걸레로 힘주어 박박 닦아야 간신히 국수의 잔해들을 제거할 수 있었다.

아기는 내가 사골 국물이나 채수를 내고 고명을 얹어 국수를 내어주면 처음에는 맛있게 잘 먹었다. 그런데 조금씩 배가 차기 시작하면 아기와 나의 팽팽한 눈치 싸움이 시작되었다. 아기는 국수를 촉감 놀이처럼 가지고 놀기 시작했다. 반찬을 내어준 그릇에 면을 옮겨 담았다가 포크로 쿡쿡 한 올 한 올 건져 올려 보기도 했다. 음식으로 장난치는 게 좋은 습관은 아니지만, 아기 발달에는 도움이 되는 행동이라고 봐서 거기까지는 괜찮았다. 그런데 아기는 국수를 바닥으로 던지기 시작했다. 손으로 국수 한 움큼을 움켜쥔 후에 바닥에 휙 하고 집어던졌다. 떨어지는 모습을 보며 "캬캭!" 하고 웃곤 했다. 그 모습을 본 나는

"야아아아아아 국수는 바닥에 다 눌어붙는다고!"

하며 크게 반응하자 아기는 비릿한 미소를 띠기 시작했다. 매일 바닥 청소하느라 청소에 예민한 아빠가 절규하는 모습을 본 아기에게는 국수 던지기가 가장 재미있는 활동이 되어 버렸다.

아기 옆에서 아기가 국수 먹는 걸 지켜보다가 잠시 자리를 비우려 할 때면, 아기는 재빠르게 국수를 한 손에 움켜쥐고 장난기 가득한 얼굴로 웃기 시작했다. 어떨 때는 "캬캬!" 소리를 참지 못해서 나에게 걸릴 때도 있었지만, 어느새 집어던졌는지 쥐도 새도 모르게 바닥에다가 국수를 집어 던지곤 했다. 어떨 때는 싱크대에서 정리하다가 갑자기 찾아온 고요함이 이상해서 뒤를 획 돌아봤는데 아기가 묘한 표정으로 나를 바라보고 있었다. '뭐여, 그 표정은? 이건 뭔가 평상시랑 다른 표정인데?' 하며 보고 있었는데 의자 옆으로 축 늘어뜨려 놨던 아기의 오른팔에서 국수 뭉텅이가 '투툭' 하고 떨어졌다. 그리곤 아기는 다시 "캬캬!" 하고 신나게 웃었다. 이렇게 장난을 치다 보니 아기 머리카락에도 국수가 눌어붙기도 했다. 머리카락에 물을 묻혀 국수를 떼고 있으면 아기는 온갖 짜증을 부렸다. "그러길래 왜 국수를 머리 위에 올려놓고 그래, 공주야? 너만 힘들지 이러면." 물론 소용이 없었다. 국수는 아기 머리카락, 아기 의자 바닥, 심지어 공기청정기 옆에서도 발견되곤 했다. 식탁 근처는 국수들의 천국이 되었다.

그리고 국수뿐만 아니라 또 나를 곤란하게 한 것은 양털 카펫이었다. 어느 날 부모님 댁을 갔는데 부모님이 쓰시던 양털 카펫을 깨끗하게 손빨래해 두신 상태였다. 아기는 자기도 모르게 잠이 들까 봐 걱정돼서인지 보통 어디에서든 잘 누워 있질 않았다. 누워 있다가도 5초 정도 지나면 '아차, 내가 이러면 안 되지!' 하며 번쩍 일어나 고개를 좌우로 마구 흔들며 돌아다녔다. 그런데 이 양털 카펫에 눕자 아기 표정이 평상시와 달랐다. 아기는 천천히 양팔과 다리를 파닥파닥 움직여서 양털의 부드러운 촉감을 느끼기 시작했다. 아기의 표정에는 서서히 미소가 피어올랐다.

"공주가 저걸 저렇게 좋아하네?" 부모님이 기뻐하셨다. 그러면서 나에게 제안하셨다.

"저 양털 카펫 가져갈래?" 아기를 포근하게 감싸주는 듯한 저 양털 카펫을 가져가고는 싶었지만, 아기를 키우며 저걸 관리할 엄두가 도저히 나질 않았다.

"아기가 뭐 쏟고 털 사이에 온갖 먼지들 다 쌓일 텐데 저걸 어떻게 관리해? 안 가져갈래."

"아, 그래? 저거 엄청 비싼 돈 주고 산 거잖아. 우리 집에서 몇 안 되는 비싼 물건인데."

"그래 봐야 노부부 통에 3~4만 원 줬겠지, 뭘"

"아냐 저거 아빠랑 몇 달 고민하다가 아빠 친한 아저씨 통해서 80만 원에 산 거잖아."

나는 순간 동공이 흔들리며, 빠르게 대답했다.

"가져갈래."

그렇게 양털 카펫이 집에 왔다. 예상대로 아기는 양털 카펫을 정말 좋아했다. 날마다 카펫 위에서 뒹굴고 있는 아기의 모습을 보면 너무 포근하고 아늑해 보였다. 하지만 내 몸은 그렇지 못했다. 양털 카펫이 아기의 주생활 공간이 되면서 아기는 틈틈이 우유를 흘렸고 틈틈이 온갖 가루며 쓰레기를 뿌렸다. 아기가 잠들고 나면 매일 청소기로 먼지를 빨아들이고 물걸레로 양털 카펫을 닦아주었다.

아기를 위해서 뭔가 해 주려 하면 할수록 내 몸이 힘들어지는 건 어쩔 수 없는 노릇이었다. 역시 세상에 공짜는 없나 보다.

아기와의
스킨십 전략

아내는 나한테 개 같다고 했다. 물론, 욕을 한 건 아니다. 아내는 내 성격을 대형견 리트리버 같다고 표현하곤 했다. 갈등을 싫어하고 주변 사람들이 속상해하는 걸 보기 힘들어한다. 그리고 나는 스킨십을 좋아한다. 나는 내가 좋아하는 사람과 닿아 있을 때, 안정감을 느낀다. 장인어른도 근엄해 보이시지만 나랑 비슷한 구석이 있다. 그래서 우리는 둘이서 술을 마시면 팔짱 끼고 껴안고 다니곤 했다. 그 모습을 보면 아내는 고개를 절레절레 저었다. 아내는 스킨십을 싫어한다. 뒤뚱거리며 집안일 하는 모습이 뒤에서 보면 너무 귀여워 안아주면 2초 정도 견디다가 "엑!" 하며 비키라고 뿌리쳐 버린다. 덕분에 나는 허구한 날 삐졌다.

아기가 생기고 나서 기뻤던 점 중 하나는 나의 스킨십을 받아줄 대상이 생겼다는 것이었다. 물론 아이의 몸은 아기에게 자기 결정권이 있는 거니, 아기가 싫다고 하면 억지로 스킨십을 할 수 없는 노릇이지만 나를 닮아 스킨십을 좋아하는 아기가 나올 것이라 확신했다.

"맨날 부둥켜안고 있어야지. 머리통도 깨물고."

아기의 성격은 아내를 똑 닮았다. 스킨십을 싫어하는 점까지. 하루에 내가 아기에게 가장 많이 말하는 문장은 "한 번만, 한 번만 안아줘."이다. 무릎을 꿇고 팔을 양껏 벌려서 "공주야 딱 한 번만 안아줘 응응?" 하고 물어보면 공주는 바람이 느껴질 정도로 고개를 팍 꺾으며 "쁘!" 하고 외치곤 했다. 안으려 하면 또 "캬캭!" 하고 웃으며 도망갔다. 도망가는 공주를 황망하게 바라보다가 이내 정신을 차리고 쫓아가기 시작하면 공주는 어디서 그런 민첩성이 나오는지 잡히면 큰일 난다는 느낌으로 속도를 내어 도망 다니곤 했다. 뽀뽀를 하면 한두 번 정도는 받아주다가 또 하려고 하면 그 작은 손으로 내 얼굴을 사정없이 밀어버렸다. 아무튼, 이렇게 집안의 두 공주에게 스킨십을 거절당하면서 나는 의기소침해졌다. 하지만 저 귀여운 아기 녀석을 안지 않을 수는 없는 노릇이었기에 궁리를 시작했다. 그렇게 스킨십을 하기 위해 찾아낸 기회가 두 가지 있었다.

아기의 똥은 항상 내가 닦아준다. 아기 비데에 아기를 눕힌 뒤 물을 틀어 엉덩이를 닦아주기 시작하면 아기는 오묘하게 기쁜 표정을 한다. 지저분했던 똥이 닦여 나갔기 때문인지 적정 온도의 물이 닿으니 기분이 좋아진 것인지, 둘 다인지 알 수는 없었다. 어쨌든 아기는 상당히 기분이 좋아진다.

다 씻어준 다음 수건으로 닦아주기 위해 아기를 안아주는데, 이때는 이상하게 아기가 태어나자마자의 모습처럼 나한테 폭 안겨 있는다. 그때를 놓치지 않고 사정없이 이마에 뽀뽀하고 더 세게 꼭 끌어안아도 별로 저항하지 않는다. 이게 다 똥 덕분이다. 그래서 처음에는 나보다 손목 힘이 약한 아내를 위해서 똥 닦기를 시작했는데, 이제는 똥 닦는 일은 아내에게 내어주지 않는다. 화장실에서 아기 똥을 닦아주고 안고 나오면서 탐욕스럽게 아기의 이마에 수십 번 뽀뽀하는 내 모습을 보면 아내는 또 고개를 절레절레 저었다.

두 번째는 약 먹이기다. 18개월쯤 되었을 때부터 아기는 종합 비타민 약과 유산균을 먹었다. 비타민은 액상이고 유산균은 가루인데 나는 아기에게 가루 상태로 유산균을 먹이지 않는다. 집에 아기들 약 먹일 때 쓰는 약통이 잔뜩 쌓여 있다. 거기에 물을 담고 가루를 섞어 먹인다. 이유인즉슨 아기가 약을 먹을 때 내 안에 폭 안겨 있기 때문이다. 아기가 하도 맛있게 먹길래 남은 걸 조금 먹어봤는데 내 입맛에는 그냥 그랬다. 아기는 감기약조차도 맛있게 먹었다. 비타민 약과 유산균은 말할 것도 없었다. 그래서 아기를 품에 쏙 안고 약통의 약을 조금씩 조금씩 입에 넣어 주면 아기는 아기 새처럼 입을 벌리고 오물오물 약을 삼켰다. 약 한 번 먹이고 뽀뽀하고 약 한 번 먹이고 뽀뽀하고. 꽤 긴 그 시간을 아기는 잠자코 뽀뽀를 당해 주었다.

글을 쓰다 보니 정말 좀 이상한 아빠라는 느낌이 들긴 한다. 그런데 굳이 나를 대변하는 글을 찾자면, 한스 게오르크 호이젤은 그의 책 『뇌, 욕망의 비밀을 푼다』에서 꽤 충격적인 내용을 알려주었다. 아기와 아빠가 혈족이기 때문에 끌리는 현상은 존재하지 않는다고 한다. 아빠들은 설령 내 아기가 아니라 해도 아기와 접촉하는 것만으로 아기와 애착 관계가 형성된다고 한다. 아빠가 태어난 아기와 접촉하는 빈도가 높아질수록 프로락틴의 농도가 함께 상승해서 더욱 탄탄한 애착 관계가 형성된다는 것이다. '이런 이유로 자꾸 아기를 안으러 쫓아다니냐고 묻는다면 뭐 솔직히 그건 아니다. 그냥 귀여워서 안고 싶을 뿐이다. 그런데 이 또한 아빠들이 주 양육자로서 육아에 참여해야 하는 이유가 된다고 생각한다. 엄마들은 출산하면서 자연스럽게 아기와 애착 호르몬이 나온다. 하지만 아빠들은 아니다. 아기와 더 많이 부대끼고 더 많이 안아주어야 서서히 애착 관계가 형성된다.

오늘도 아기를 안기 위해 열심히 쫓아다녀 보지만, 저 민첩함을 보아하니 오늘도 쉽게 안기는 틀렸다.

얼른 아기가 똥이나 쌌으면 좋겠다.

차태현의
해장 육아

예전에 한 프로그램에서 내가 좋아하는 남자 연예인인 차태현 배우님의 근황을 들었다. 술을 엄청나게 좋아하는 그가 육아를 시작했단 얘기였다. 술을 많이 마시고 나서 다음 날 아침에도 아기를 돌보는데 잘 돌봐 놓고도 술이 깨고 나면 육아한 게 기억이 잘 안 난다고 했다. 주변인들은 '해장 육아' 아니냐며 웃었다. 세상에. 내가 가끔 하는 육아를 그렇게 잘 표현한 단어는 세상에 없을 거 같다.

나는 술을 상당히 좋아한다. 사람도 좋아하고 술도 좋아해서 좋아하는 사람과 술이 있으면 가장 행복하다. 결혼하고 나서는 거의 분기별로 친구 그룹을 만나게 되었고 코로나가 터지고 나서는 거의 친구들과 만날 수 없게 되었다. 아내는 술을 마시지 않아서 코로나 때는 혼술을 즐기곤 했다. 자주 마시는 건 아니지만 그래도 한번 마시면 취기가 오를 때까진 마신다. 문제는 아기가 생긴 후였다. 아기는 저녁 7시 30분에서 8시 징도면 잠이 들었기 때문에 나는 나름 축복받은 아빠였다. 저녁 시간이 무려 4시간 가까이 있었기 때문이다. 보통 그 시간에는 운동하거나, 글쓰기, 전화 영어, 전화 중국어, 독서, 일기 쓰기 등등을 했다. 그러다가 술을 마시기로 한 날에는 오후 1시쯤부터 설레기 시작했다. 일하고 있는 아내에게 시도 때도 없이 연락하곤 했다. "여보, 오늘 안주 뭐 먹지?!" 답장이 오지 않으면 초조하게 재촉했다. "안주가 골라져야 술을 뭐 마실지 고르는데?!" 아내는 술은 마시지 않지만 먹는 것에는 나보다 더 진심이었기에 우리는 나름대로 궁합이 잘 맞았다. 아내는 뭐든 선택하는 것을 아주 싫어하기 때문에 선택지를 좁혀주고 나에게 최종 선택권을 항상 넘겼다. "1번 족발 2번 찜닭 3번 회 4번 피자 5번 치킨." 아내에게는 떡볶이와 연어 초밥이 소울푸드이므로 괜히 "여보는 떡볶이 먹고 싶을 거잖아요… 떡볶이 먹을까요?" 하고 초조한 마음을 감추고 예의상 물어봤다. 내가 술 마시는 날은 아내가 보통 괜찮다며 보기 중에 고르라고 해 주었다. "나도 예의상 물어본 건데 헤헤" 하며 안주와 오늘의 주종을 확정 짓고 오후 1시부터 설레는 마음으로 저녁을 기다렸다.

저녁 6~7시쯤 되어서 아기가 너무 컨디션이 좋으면 조금씩 불안해졌다. '안 돼 공주… 평상시에는 괜찮은데 오늘 아빠 술 마시는 날이란 말이지' 내 애타는 마음을 알 리 없는 아기는 아빠가 뭔가 기뻐 보이니 본인도 덩달아 기뻐서 잠을 자기가 싫은 모양새였다. 그런 날은 꼭 만세를 하고 뛰어다니질 않나 갑자기 독서광이 되어서 책을 끊임없이 읽어 달라고 재촉했다. "공주 잠…." 소리까지만 나와도 어디 그런 소리를 하냐며 "엑!!" 하는 소리와 함께 아주 사나운 표정을 지었다. 아무튼 아기가 우여곡절 끝에 잠들고 나면 나만의 시간이 시작되었다. 토끼 같은 아기는 방에서 자고 있고 겉보기에는 사슴 같은 예쁜 아내와 술 한 잔 마시며 맛있는 안주를 먹고 있으면 세상을 다 가진 거 같았다. "난 정말 행복한 사람이다!" 보통 이렇게 기분 좋게 술을 마시는 날은 아내는 먼저 잔다며 자러 들어가고 나는 눈이 자동으로 감기기 전까지 최대한으로 버티다 잔다. 하지만 아기와 하루를 밀도 있게 보내다 보면 피로가 상당해서 어차피 그리 오래 버티지는 못했다. 아내가 자러 가면 나는 보통 맥주를 마시며 가수 이승환의 라이브 영상을 보거나 책을 읽거나 영화를 보곤 했다. 그렇게 버티다가 눈이 감겨서 도저히 참을 수 없을 때쯤 안방으로 기듯이 들어가 잤다. 취기가 있는 와중에도 다음 날 아침 아기를 내가 데리고 나왔을 때 술병이 나뒹구는 모습을 보여주긴 싫어서 대충 보이지 않게 빠르게 정리를 했다. 혼술은 보통 큰 문제가 없었다. 그런데 오랜만에 친구들과 가지는 술자리는 정말 흥겹고 그만큼 많은 양의 술도 함께했다.

문제는 다음 날 아침이다. 아기는 항상 새벽 6시면 일어나곤 했다. 나는 상당히 귀가 밝아서 술을 상당히 마시고 자도 아기가 자기가 일어났다고 알리는 작은 아우성에도 속절없이 눈이 떠지곤 했다. 분명 눈은 떠졌는데 의식이 없다. 속은 쓰리고 머리는 어질어질하다. 그리고 아기를 쳐다보니 아기는 '나를 안지 않고 무얼 하는 것이냐?' 하는 표정으로 나를 바라보고 있다. "어이구, 우리 공주님 일어나셨어요?" 하며 기듯이 일어나 아침 일과를 시작한다. 아내는 출근 준비를 하고 나는 아기와 놀아준다. 아내가 출근하면 잘 다녀오라고 현관에서 인사를 해 주고 아기 아침밥을 준비한다. 아기 아침밥을 먹이면서 옆에 앉아 미리 준비한 캔커피를 홀짝홀짝 마신다. 속은 쓰리고 머리는 멍하지만 서서히 정신이 돌아오기 시작한다. 그런데 아침에 내가 어떻게 아기를 돌봤는지 잘 모르겠다. 흐리멍덩하게 눈을 뜨고 분명 몸을 계속 움직이긴 했다. 아침 시간의 특성상 앉아 있다가 자주 일어나야 하는데, 분명 "흐억!", "흐억!!" 소리를 내며 앉았다 일어났다 내가 해야 할 일들을 했다. 아기 머리는 잘 빗어져서 예쁘게 묶여 있고 아기는 똥도 잘 싸고 내가 잘 닦아 주어 나를 보며 개운한 듯 생글생글 웃고 있다. 분명 난 아침에 육아를 잘했다. 그런데 어렴풋이 한 거 같긴 한데 명확하게는 기억나질 않았다. 내가 또렷한 의식을 가지고 했다기보다 그냥 내 매일의 루틴대로 몸이 움직였을 뿐이다. 차태현의 사례를 보고 나도 술 마신 다음 날 아침에 내 몸이 알아서 육아하는 이 육아를 '해장 육아'라고 부르기로 했다.

물론 술을 마신 다음 날은 이렇게 부작용들도 있고 컨디션이 어쩔 수 없이 떨어지곤 한다. 거기에 피로도는 엄청나다. 술을 마시든 뭘 하든 아기와 보내는 하루는 달라지지 않기 때문이다. 하지만 좋아하던 술을 이렇게 제한적으로 마시게 되면 한 방울 한 방울이 값지게 느껴질 만큼 더 맛있게 느껴진다. 아내는 처음엔 다음 날 육아를 해야 하는데 술을 마시는 나를 못 미더운 눈치로 바라보곤 했다. 그런데 마시면서 굉장히 행복해하고 다음 날 어쨌든 육아를 잘 해내는 모습을 보며 이제는 "요새 술 좀 안 마시지 않았어요? 오늘 퇴근길에 술 사다 줄까요?" 하고 물어보기도 한다. 술이 됐든, 게임이 됐든, 뭐가 됐든 부모가 행복하고 육아도 무리 없이 돌아간다면 가끔 하루 정도는 하고 싶은 일을 해도 좋을 거 같다.

2년 만에
아내와의 데이트

아기가 생기고 우리 부부 둘이서 데이트를 해 본 적은 없다. 보통은 양가 부모님 중 한쪽에 붙어 옆 동 즈음에 살면서 부모님 찬스를 사용한다고 들었다. 그런데 양가 부모님이 사시는 곳이 다 어느 정도 거리가 있다 보니, 데이트를 위한 가족 찬스는 한 번도 못 써 봤다. 아기는 저녁 8시 정도면 잠자리에 드는 정말 고마운 생활 습관을 지니고 있었으나, 우리 부부의 성격상 종종 깨기도 하는 아기를 놔두고 둘이서 나간다는 건 탐탁지 않았다. 그래서 아기가 생기고는 한 번도 둘이서 데이트를 못 해 봤다. 그러다가 한 번은 〈범죄도시 2〉가 개봉했다는 소식이 들려왔다. 나는 잔인한 영화는 싫어함에도 불구하고 〈범죄도시 1〉은 인생 영화 중 하나였다. 그래서 속편인 〈범죄도시 2〉가 나온다고 했을 때 너무 기대되었다. 하지만 우리 부부가 같이 나갈 방법은 요원해 보였다. 그래서 개봉일에 조조로 내가 먼저 출발해서 보고 오고 내가 돌아오면서 아내와 바통터치를 했다. 아내는 오후에 영화를 보고 돌아왔다. 우리 부부는 애틋했으나 이렇게 견우와 직녀처럼 함께 만날 수 없었다.

그러던 어느 날 징검다리 휴일이 다가오고 있었다. 아내는 그 중간 평일에 휴가여서 5일 동안의 연휴가 만들어졌다. 그 앞으로 빡빡했던 가족 일정을 소화하고 황금 같은 이 평일을 아내랑 둘이 보내기로 했다. 아기가 9시 30분부터 12시 40분까지 어린이집을 가니 3시간 정도는 함께 보낼 수 있는 시간이 생긴 것이다. 요즘 핫한 곳에서 아침 겸 점심을 먹고 오려고 검색해 보았으나 그런 곳들은 거리 때문에 주로 지하철로 이동해야 하기에 다음에 가기로 하고, 예전에 우리 부부가 종종 가던 수제 햄버거 가게를 가기로 했다. 막상 날짜가 다가오니 꽤 설레는 마음이었다. 짧은 시간이지만 1년 반 만에 하는 데이트였기 때문이다. 육아휴직 중이니 한 번도 입을 일 없던 셔츠도 미리 스타일러에 돌리면서 준비를 좀 하다 보니 기분이 이상했다. 아내도 오랜만에 데이트를 나간다고 치마를 꺼내 준비했다.

그날 아침이 되자 한 명은 아기를 보고 한 명은 씻고 준비하면서 교대로 빠르게 외출할 준비를 마쳤다. 아내는 오랜만에 쉬는 날인데 아기를 어린이집에 보내야 해서 미안한 마음이 엄청나게 커 보였다.
"여보, 그래봤자 3시간이야. 그 이후에 우리 공주랑 공원 놀러 가기로 했잖아요. 그때 놀아주면 되지요."
3시간이란 말에 아내는 다시 결심한 듯 고개를 끄덕였다. 아기를 어린이집에 함께 보내주고 우리는 손을 잡고 돌아오고 있었다. 정말 오랜만에 그렇게 둘이 있으니 연애하던 때로 돌아간 느낌이었다. 아내를 볼 땐 '공주의 엄마'라는 시선도 항상 함께 공존했었는데 지금 이 순간만큼은 오롯이 아내였다. 그렇게 손잡고 걷고 있다가 문득 보니 아내는 여전히 귀엽고 예뻤다. 그런 아내가 조금은 어색하게 느껴지기도 했다. 우리는 차를 타고 우리가 자주 가던 수제 햄버거 가게로 갔다. 강변에 자리한 햄버거 가게는 항상 붐볐으나, 평일 낮 시간이다 보니 사람이 별로 없었다. 여유롭게 햄버거를 먹고 커피를 마시고 그 짧은 시간을 만끽했다. 오는 길에 강변에 있는 카페에 들러서 또 잠시 커피를 마셨다. 이제는 아기가 옆에 없어도 부모로서의 정체성이 너무 강하게 형성되어 버린 탓인지, 우리의 주된 이야깃거리는 아기 얘기였다. 나는 최근 사람을 만나는 것보다 자기 계발을 열심히 하는 중이라 재미있는 에피소드가 별로 없었고 아내는 직장에서 생긴 에피소드는 그날 나에게 말하지 않으면 입안에 가시가 돋았기 때문에, 아내가 업데이트하지 않은 중요한 직장 일은 별로 없었다. 결국 우리는 오랜만에 둘이서 시간을 가졌지만, 아기 얘기를 꽤 많이 했다.

세 시간이 어찌나 빨리 가던지, 카페에서는 앉은 지 거의 얼마 되지도 않은 느낌 같았는데 어느새 출발해야 할 시간이 되었다. 그렇게 아쉬울 수가 없었다. 그런데도, 이제 아기를 데리러 간다고 생각하니 둘 다 웃음이 나왔다. "에구, 우리 공주 만나러 갑시다." 하며 둘이 손잡고 웃으며 차에 탔다.

아기가 생기자 우리 부부에게 데이트 몇 시간은 이렇게나 소중한 시간이 되었다. 그런데 생각해 보면 아기를 만나기 전 우리 부부는 데이트 할 수 있는 시간이 많았다. 그럼에도 불구하고 우리는 그 시간을 충분히 누리지 않았다. 물론 늘 같이 붙어 있긴 했지만, 매일같이 밖에 놀러 다니면 지출이 너무 크기도 했고, 아내도 나도 이상하게 밖에 나가서 돌아다니고 싶은 마음이 그리 크지 않았다. 그 당시 데이트할 수 있었던 세 시간은 정말로 별 게 아닌 평범한 일상이었는데 역시 사람은 귀해야 소중하게 여기게 되는 거 같다. 이 시간이 영원할 거라고 생각하면 어떤 것도 귀하게 여겨지지 않을 것이다. 그래서 오늘도 나는 나름대로 마음을 다잡는다. 아기가 놀이터에서 그만 놀게 했다고 나를 때리고 깨물더라도, 비타민 한 개 더 안 줬다고 드러누워 깽판을 치더라도. 나중에는 놀이터에서 제발 놀라고 해도 더 이상 놀지 않을 시기가 올 것이고 '그깟 비타민 한 개 안 먹으면 그만이지!' 하는 시기가 올 것이다. 지금의 시기는 다시 오지 않을 귀한 시간이다. 그렇게 생각하고는 있지만, 아기에게 얼굴을 맞는 순간 "으으으으 공주 너 아빠가 너 뜻대로 안 된다고 사람 패면 안 된다고 했지이이이이." 하며 이를 뿌득뿌득 갈게 되는 나였다.

> **초보 아빠의 한마디**
>
> 가끔은 단순한 무지 반팔 티에서 벗어나서 화려하게 꾸며 보시는 것도 좋을 거 같아요. 꼭 특별한 일이 없더라도요. 남편, 아내가 바라보는 시선도 그렇지만, 나 스스로도 기분 전환이 됩니다.

아내만 찾는
아기에게 삐친 아빠

아기가 19개월 정도였을 때이다. 내가 이 즈음해서 갑자기 많이 듣게 된 노래가 있는데, 그 노래는 바로 〈인형의 꿈〉이라는 노래였다. 가사 일부를 보면 이렇다. 한 걸음 뒤엔 항상 내가 있었는데, 그대, 영원히 내 모습 볼 수 없나요. 나를 바라보며 내게 손짓하면, 언제나 사랑할 텐데

아기의 예상치 못한 배신에 치를 떨었다. 아기가 나와 함께 보내는 하루 동안 하는 말의 70% 정도는 '아빠'이다. 마치 아기의 온 세상이 아빠인 양, 뭘 봐도 아빠라고 말하기 때문이다. 사실 그 모습을 뒤에서 보고 있자면 굉장히 행복했다. 베란다에서 창밖을 함께 보고 있다가 지나가는 아저씨를 봐도 '아빠!' 하고 말하고 날 돌아봐 주었다. 그러면 정말 시간이 멈춘 듯 머릿속에 꽃들이 만발하며 행복해졌다. 그렇게 나는 주 양육자로서 아기의 신임과 사랑을 단단히 받고 있다고 생각했다.

그런데 문제는 아내가 직장에서 돌아왔을 때였다. 아내가 돌아오자 아기

는 나를 없는 사람 취급하며 엄마에게만 안겨 있기 시작했다. 물론 아내가 온종일 없었고 아기가 잠들기 전까지 시간이 얼마 안 남아 있다 보니 아내와 아기가 함께할 수 있는 시간이 많이 없어 이해할 수 있는 상황이라고 봤다. 그런데 문제는 주말이었다. 아기를 재울 때, 항상 다음날에 대한 간단한 브리핑을 아기에게 해 주기 때문에 아기는 엄마가 내일 출근하지 않는다는 것을 알고 있는 듯한 눈치였다. 아기의 타이머 같은 기상 반응에 번쩍 눈이 떠져서 엉금엉금 기듯 해서 아기에게 다가갔다. 움직이지 않는 얼굴 근육을 간신히 움직여 웃음 비슷한 형태를 취하고 "공주 잘 잤어? 아빠랑 나가서 기저귀 갈고 우유 마시자!" 하며 아기를 안으려고 팔을 쭉 뻗는 순간 아기는 울부짖으며 나를 거부하기 시작했다. '애가 갑자기 왜 이럴까?' 하고 한참을 생각하다가 아직 잠에서 깨지 못한, 침대 위의 아내가 보였다. 아기는 울다가 잠시 후에 벌떡 일어나더니 엄마가 있는 쪽으로 가서 팔을 휘적휘적, 울면서 엄마를 깨웠다. 아내는 놀라 일어나서 "공주야, 엄마가 바로 못 일어나서 미안해." 하며 아기를 안아주었다. 그랬더니 울부짖던 아이는 언제 그랬냐는 듯 순한 양이 되어 엄마에게 안겨서 방 밖으로 나갔다. 전에 아내와 나는 농담처럼 서로를 지독한 부모라고 지칭했다. 아기가 아빠를 찾으면 엄마는 아빠에게 더 안겨 있으라며 아기를 나에게 넘기고 휴식을 취했다. 아기가 엄마를 찾으면 나는 아내에게 아기를 넘기고 "그래 엄마 품에 좀 오래 안겨 있어. 공주." 하며 기쁜 마음으로 쉬곤 했었다. 그런데 이건 좀 상황이 달랐다. 재접근기가 얼추 끝났다고 생각했는데 갑자기 또 새로운 국면이었다. 그것도 잠시 품에 안겨 있는 정도가 아니었다.

컨디션이 좀 떨어지면 아기는 아내 품에선 놀아도 내가 근처만 가도 질색하며 싫어했다. 나는 "아빠는 너 귀찮게 하는 게 아빠의 일이야." 하며 모르는 척 다가갔으나 아기는 막무가내로 인상을 쓰며 나를 밀어냈다. "에이, 그래. 아빠는 쉬련다. 잘됐지 뭐. 흥." 하고 돌아 누워 있다가도 잠시 후에 또 슬금슬금 아기의 노는 모습을 보고 있게 되었다. 그런 나의 마음에는 관심이 없는지 아기는 짜증을 내면서도 아내 품에서 놀았다. 컨디션이 좋을 때는 또 갑자기 스스로 나에게 걸어와 엉덩이를 들이밀며 안겨서 장난을 치기도 했다. 아예 밀어내기만 하지 않고 가끔 이렇게 강력하게 당기니, 아기의 엄청난 밀당에 나는 도무지 정신을 차릴 수 없었다.

나는 처음엔 배신감에 부들부들 떨다가 언제나 그랬듯 이 또한 머지않아 지나가리라 하며 그냥 묵묵히 지켜보려 했다. 그런데 꽤 재미있는 특성을 하나 발견했다. 그렇게 주말 동안 엄마만 찾고 아빠를 멸시 천시하던 아기는 월요일 아침이 되면 태도가 달라졌다. 아기는 나를 보며 행복한 미소를 지으며 일어났다. 그리고 "오, 공주 일어났어?" 하며 걱정 반 기대 반으로 잔뜩 경계하며 아기에게 가까이 가면 아기는 자연스럽게 만세를 하며 내 품에 안겼다. 그 모습이 너무 귀여워서 뽀뽀를 막 해도 잠깐은 그냥 가만히 있었다. 출근 준비를 바쁘게 하는 엄마 뒤를 졸졸 따라다니기도 했지만, 내가 흥미로운 걸 꺼내 들면 엄마는 잊고 나와 즐거운 시간을 보냈다. 호객 행위를 하는 가게 주인들처럼 나도 온갖 미사여구와 다양한 목소리 톤으로 아기를 유혹했다. 주중에 아내가 일하는 동안에는 아기가 나와 아무 문제 없이 잘 지내니 고맙기도 했다. 하지만 아내도 나도 이 상황이 참 적응하기가 어려웠다. 아기는 엄마만 너무 좋은데, 어쩔 수 없는 상황이라 일종의 체념 같은 걸 하고 있다고 생각하면 너무 슬펐다. 그래서 애써, 아기가 '아빠도 좋지만, 엄마랑 있을 수 있는 시간이 많지 않기 때문에 엄마랑 있는 시간 동안은 엄마에게만 가려 하는 거다.'라고 생각하기로 했다.

아내만 바라보며 환하게 웃는 아기 뒤로 가서 괜히 통통한 팔이라도 한 번 만져보고 싶어 건드렸는데 아기는 나를 쳐다도 보지 않고 팔을 휙 뿌리쳐 버리고 아내만 바라보고 있다. 한 걸음 뒤엔, 항상 아빠가 있었는데. 그대 영원히 내 모습 볼 수 없나요? 하염없이 기다리면, 언젠가 아빠를 보고 웃어주겠지?

 초보 아빠의 한마디

아기는 지금도 여전히 엄마를 주로 찾긴 합니다. 그런데 어떤 시기에는 유독 엄마만을 찾고 아빠를 격하게 밀어내는 시기가 있더라고요. 저 자신은 크게 변한 게 없다고 생각이 드는데도 말이죠. 하지만 결국 시간이 좀 흐르니 다시 아빠도 찾더라고요. 그 순간에는 속상하실 수 있지만, 육아는 결국 시간이 답인 거 같습니다.

백 마디 말보다
귀한 한 번의 위로

아기가 걷기 시작할 때부터 내가 계속해서 아기에게 강제 주입한 습관이 있다. 아기가 지금보다 더 아기였던 시절, 아기띠를 하고 아기와 외출을 하던 중이었다. 우리의 맞은편에는 막 아장아장 걷기 시작한 어떤 아기가 부모와 함께 있었다. 그 아기는 길가에 있는 키가 작은 나무를 잠시 쳐다보더니 나무의 가지를 '우두두둑' 꺾어버리는 것이었다. 나도 모르게 "아! 안 돼…!"라는 말이 튀어나오다 나오는 말을 간신히 멈춰 세웠다.

나는 어느 순간부터 생명을 죽이는 걸 굉장히 꺼렸다. 그런 마음이 들기 시작한 계기는 잘 모르겠는데 그냥 어느 순간부터 그랬다. 내가 가차 없이 다른 생명체의 목숨을 뺏어가는 건, 모기밖에 없었다. 이상하게 모기에게는 일말의 동정심도 생기지 않았고 보이는 족족 모기에게는 피의 복수를 했다. 아기가 걸어 다니고 슬슬 모든 생명체와 주변 물건들에 관심을 가지기 시작하자 나는 전에 그 식물을 마구 꺾어버리던 아기가 떠오르며 걱정이 앞서기 시작했다. 물론 나도 어릴 때 동네 산을 뛰어다니며 정말 많은 생명들을 해치곤 했다. 그렇다고 해서 지금 나쁘게 큰 건 아니다. 하지만 그냥 아직 너무 어리다고 해도 내 아기가 생명들을 해치는 모습을 보고 싶지는 않았다. 그리고 그 걱정을 시작한 지 얼마 되지 않아, 아기는 주변 식물들의 잎이나 가지를 꺾어대기 시작했다. 그래서 아기 옆에 붙어서 항상 "공주야 이 식물들 이만큼 자라나느라 정말 고생이 많았을 거야. 비도 맞고, 바람도 맞고, 추운 날씨도 견디고, 싫어하는 벌레가 붙어서 막 깨물어도 참고 견뎌서 이만큼 자라난 소중한 생명이야. 이렇게 예쁜 생명체들은 막 함부로 아프게 하지 말고, '아이 예쁘다!' 하면서 이렇게 쓰다듬어 주는 거야." 하며 식물을 쓰다듬는 모습을 계속해서 보여줬다. 아기는 '왜 그래야 하는데요?' 하는 표정으로 멍하게 바라보다가 다시 식물들을 해치기 시작했다. 작게 한숨을 쉬고 쫓아다니면서 매일매일 주입식 교육을 해 댔다.

어느 날은 거실 바닥에 눌어붙어서 떨어지지 않는 마른국수를 걸레로 박박 닦고 있었다. "국수를 안 해 줄 수도 없고, 맨날 국수 면이 엄청 끈덕지게 붙어 있네." 하며 덩어리가 떨어지고 난 후에도 바닥에 거친 흔적을 남긴 채 붙어 있는 국수의 잔해들과 싸우고 있었다. 그런데 순간 사위가 이렇게 조용하다는 것을 깨닫고 등골이 오싹해졌다. 아기가 잘 있나 급하게 고개를 들어 살펴보니, 아기는 쭈그려 앉은 채 집에 있는 화분을 쓰다듬어 주고 있었다. 그 순간을 놓치지 않고 국수 자국이고 뭐고 "공주야야야야!" 하며 요란하게 달려가서 아내가 추던 근본 없는 꽃게 춤을 따라 하며 박수를 쳐 줬다. 아기는 나를 쳐다보며 머쓱한 듯 씨익 웃고 자리를 떠났다. 그 이후로도 생명체를 아프게 하지 않고 예쁘게 쓰다듬어 줄 때마다 쫓아가서 박수를 쳐 줬다. 그랬더니 아기는 생명체를 보면 꺾지 않고 쓰담쓰담해 주기 시작했다.

비가 내리는 날이었다. 그 주는 개인적으로 굉장히 힘든 일들이 많았다. 힘든 일들이 수시로 나를 괴롭히고 있었다. 그런데 비까지 오다 보니 아기랑 하루 종일 밖에도 나가지 못하고 집에서 지내야 했다. 나름대로 쌀과 콩으로 촉감 놀이도 하고 책도 수십 권 읽어주었는데도 시간은 잘 가지 않았다. 거기에 일 년에 회식을 두 번 정도밖에 하지 않는 아내가 그날따라 회식까지 잡혀 있었다. '그래도 조금 일찍 들어올 수 있지 않을까?' 생각하고 있었는데 그 순간 문자가 '띠링' 하고 도착했다. "여보, 정말 미안해. 오늘 빨리 빠지기는 조금 어려울 거 같아요. 그래도 최대한 빨리 갈게요." 오늘 같은 날은 좀 일찍 들어올 수 있었으면 했지만 일 년에 한두 번 있는 회식이니 어쩔 수 없는 일이었다. 그 와중에 집이 더러운 상태는 싫어서, 아기를 안고 청소하고 아기랑 놀아주면서도 한쪽 팔로는 바닥을 닦고 아기 낮잠 시간에 요리하고 시간을 빽빽하게 보냈다. 쉬지 않고 열심히 하루를 보낸 덕분에 어쨌거나 만족스러운 컨디션으로 아기를 재울 시간이 다 되어 갔다.

"공주야, 이제 슬슬 잘까?"

물어보나 마나 한 질문이었다. 당시에 아기는 무슨 말을 했을 때 알아들은 건지 못 알아들은 건지 정확히 알 수 없었다. 그런데 '잠'과 관련된 문장을 말하면 아기는 무조건 고개를 절레절레하고 "쁘쁘쁘쁘!"를 외치며 도망갔다. 잠자기 싫다는 것에는 아주 의사 표현이 정확하고 이해가 빠른 아기였다. 역시나 아기는 고개를 절레절레하며 안고 있던 곰인형까지 내려놓고 빠르게 자리를 피했다. "졸려서 눈두덩이가 퉁퉁 부었구만 뭘 도망가? 공주야, 일로 와."

도망가던 아기를 간신히 끌어안고 재우러 방으로 들어갔다. 온종일 거의 틈 없이 보내다가 그나마 있는 중간중간 틈 사이에는 걱정으로 가득 찼던 하루를 보내고 나니 정말이지 몸과 마음 모두 노곤노곤한 상태였다. 아기를 아기 침대에 눕히고 한쪽 팔에는 이불, 한쪽 팔에는 토끼 인형을 안겨주었다. 아기는 자기 싫다고 잠시 보채더니 슬슬 자신이 자야 하는 운명임을 받아들인 듯했다. 매일 하던 잠 루틴을 시작했다. "공주야, 오늘도 아빠랑 공주랑 둘이 정말 알차게 잘 보냈다. 그치? 아빠는 사실 요새 걱정되는 것들이 좀 있었는데 공주 덕분에 오늘도 정말 많이 웃고 정말 정말 행복했어. 고마워. 사랑해, 공주야. 오늘 푹 잘 자고 내일은 엄마 일찍 퇴근한다니까 내일은 우리 세 식구 더 즐겁게 보내자."라고 말하고 아기에게 굿나잇 뽀뽀를 해 주려 얼굴을 가까이 가져갔다. 그런데 그 순간 아기가 한쪽 팔을 들더니 내 머리를 쓰담쓰담해 주기 시작했다. 그러고는 "각캭!" 하고 웃으며 스스로 박수를 짝짝 하고 쳤다. 툭툭 나도 모르게 눈물이 흘러 누워 있던 아기 얼굴에 눈물이 떨어졌다. 너무 순식간에 일어난 일이라 당황한 나는 아기가 놀랄까 봐 황급히 한 걸음 뒤로 물러나서 눈물을 닦았다. 아기는 무슨 상황인지 이해하지 못한 듯 웃으며 토끼 인형이랑 이불 위에 다리를 척 올리고 뒹굴거리고 있었다. 침대 구석에서 방금 전 내가 당한 위로에 얼떨떨해하다가 그 커다란 아기의 눈에 담긴 내 모습을 보았다. 아기는 웃으며 '아빠 고생하는 거 다 알아요.' 하고 말해주는 거 같았다. 그 순간 눈물이 주룩주룩 나오기 시작했다. 다시 아기에게 다가가 아기를 꼭 안았다. 물론 아기는 답답하다며 3초도 되지 않아 소리를 꽥 질렀다. 누군가가 내게 했을 백 마디의 말보다 묵직한 위로였다.

그렇게 17개월 아기 옆에서 몇 분을 주룩주룩 울고 나니 갑자기 유명 소화제 광고처럼 몸통 가운데 어디쯤이 시원해졌다. 민트향 사탕을 먹은 것처럼 화한 느낌이 들었다. 날씨가 화창하고 좋은 날 수목원에 가서 맨발로 산책을 한 것처럼, 히노키탕에서 추운 몸을 녹인 것처럼 마음이 가뿐해졌다. 『만일 내가 인생을 다시 산다면』에서 김혜남 작가는 "어쩌면 울음은 한없는 어둠으로 우리를 잡아 끌어내리려는 슬픔으로부터 벗어나기 위한 하나의 굿판일지도 모른다."라고 했다. 말도 못하는 아기가 시작해 준 하나의 굿판으로 나는 슬픔으로부터 구원받았다.

아내가 조금 늦은 시간에 돌아왔다.

"여보 오늘 너무 힘들었지? 늦어서 미안해요. 오늘은 좀 빠질 수가 없는 분위기였어요."

"어, 아니야. 오늘 공주 완전 최고였어. 하나도 안 힘들어요."

나는 진심으로 대답했다. 나의 밝은 얼굴에 아내는

"뭐 좋은 일 있었어요?" 하고 물어봤다.

물론 이 경험은 아내에게는 부끄러워서 말을 못했다. 또 울보 남편이라고 틈만 나면 놀려댈 것이 뻔하기 때문이다. 아기와 나만 알고 있는, 둘만의 비밀이다.

아빠 육아와 자기 계발을 동시에 하는 방법

그렇게 하는 게 쉽지 않을 거라는 건 이미 상상이 됐다. 하지만 나는 아기가 좀 더 자라 남들이 흔히 말하는 공부할 시기가 되어도 가능한 한 아기에게 공부하라고 잔소리하고 싶지 않았다. 대신에 나는 내가 공부하는 모습을 보여주기로 계획했다. 그래서 아기가 태어나기 직전부터 전화 중국어와 전화 영어를 시작했다. 내가 많고 많은 언어 중 중국어를 배우겠다고 생각한 계기는 엄마 때문이었다. 엄마는 배우지 못한 게 한이라며 60대에 방송통신대학교를 입학해서 중국어과를 졸업하셨다. 그때 중국어 공부하는 엄마의 모습이 어딘가 한편에 남아 있었나 보다. '무슨 공부 할까?' 하고 생각해 보자 바로 중국어가 떠올랐다. 영어는 기본적인 회화는 가능한 정도였다. 그런데 어디 나가서 영어를 엄청나게 잘한다고 내세우기도 뭣하고 아예 못하는 것도 아닌 애매한 수준이었다. 그래서 중국어와 영어를 같이 공부하게 되었다.

실력이 늘거나 말거나 신경 안 쓰고 그냥 주 3회씩 1년 넘게 계속해 오던 어느 날이었다. 엄마와 대화해 보니 엄마는 중국어과를 졸업했음에도 불구하고 중국어 회화 실력은 중국을 자유 여행할 정도가 되지 않는다며 중국어 회화에는 취약하다고 말했다. 그리고 누나를 보니, 누나는 공부를 상당히 잘했는데, 자기 스스로 자신은 영어 회화에 취약하다고 여기고 있었다. 수능 같은 문제 푸는 거는 자신 있지만, 회화는 단어 책을 아무리 암기하고 공부해도 잘되지 않는다며 언어 감각이 없는 거 같다고까지 했다. 이 두 모녀를 지켜보다가, 각각 전화 중국어와 전화 영어를 시작할 것을 권했다. 모녀는 잠시 망설이다가 "이제 와서 무슨… 어디에 쓰겠다고.", "너무 바빠서 할 시간이 없어." 하며 거절했다. 내 아버지와 아내는 둘 다 순해 보이는 모습과 다르게 고집이 센 사람들이라 무슨 말을 해도 별로 설득될 거 같진 않았다. 하지만 모녀가 그렇게 그들의 언어 실력을 묻어 놓는 것이 너무 아깝게 느껴지던 나는 집에 돌아와 소파에 앉아 어떻게 그들을 설득할지 고민했다. 그때였다. "쁘쁘쁘!" 아기가 자신을 놔두고 감히 딴생각하고 있냐며 나를 나무랐다. 머리가 번뜩! '아, 이거구나!' 완벽한 설득 계획이 세워졌다.

이후에 가족 모임이 있던 날, 나는 일단 공주를 앞에 내세웠다.

"저 아기를 보세요. 여러분, 여러분은 제가 왜 영어와 중국어를 공부하고 있는지 아실 겁니다. 나중에 제가 열심히 계속 어학 공부를 해서 공주와 중국어와 영어를 섞어서 일상 대화를 하고 있을 때, 여러분은 손가락 뻘며 지게 무슨 소리여? 하고 계실 겁니까?"

이상한 말투로 내가 말했으나 전해지는 진심에 모녀의 동공이 흔들리는 게 보였다.

"우리 부녀는 중국어랑 영어로 가족들 험담을 할 겁니다! 여러분은 무슨 소리인지도 모르겠지요! 공주 만났을 때 중국어로 요새 어떻게 지내는지, 학교생활은 어떤지 물어보는 할머니를 상상해 보세요!"

"고모가 영어로 공주와 친구 관계는 어떤지 대화하는 모습을 상상해 보세요! 우리 공주는 어학 공부를 하지 않을 수가 없을 겁니다. 공주를 위해서… 지금 당장 시작해 주세요!"

아빠가 뭐라고 열변을 토하고 있자 옆에서 잠자코 있던 아기가 "쁘쁘!" 하며 손가락으로 가족들을 가리켰다. 모녀의 흔들리던 눈빛은 점차 확신이 되었다. 그렇게 그날부터 모녀도 각각 전화 중국어, 전화 영어를 시작했다. 그렇게 같은 업체에서 세 명의 가족이 각자의 위치에서 공부하기 시작했다.

모녀가 중국어, 영어 공부를 시작한 지도 6개월이 지났다. 같은 선생님과 학습할 때도 많아서 선생님으로부터 가족들의 안부를 전해 듣기도 했다. 그래서 가족 모임이 있으면 3개 국어가 섞여서 난무하고 있냐 하면 그건 아니었다. 엄마는 틈틈이 중국어로 공주에게 물어보고 얘기하긴 한다. 그럼 나도 몇 마디 거들긴 한다. 그 이후 할 말을 찾지 못해 엄마랑 나는 서로 멀뚱멀뚱 보다가 "흠흠." 하며 끝냈다. 거기서 중국어 대화는 끝난다. 누나는 아직 부끄럽다며 영어를 사용하진 않는다. 하지만 누나는 영어에 자신감이 좀 붙었는지, 예전 같았다면 절대 하지 않았을 영어 프로젝트를 지금 진행하고 있다.

나는 부모의 어학 공부와 육아가 굉장히 잘 어울린다고 생각한다. 전날 어학 공부를 했으면, 다음 날 아기와 함께 생활하다가 구체적인 상황이 왔을 때 전날 배운 것들이 기억나서 써먹게 되기 때문이다. 그래서 따로 복습을 챙겨서 하지 않아도 복습이 꽤 되기도 한다. 그리고 나는 아기랑 함께하는 동안 하루는 챈트 한 시간, 하루는 중국어 대화 한 시간을 틀어놓는다. 그러면 나도 그걸 들으면서 자연스럽게 어학 공부를 하게 되기도 했다. 무엇보다 아기가 어느 정도 더 성장했을 때, 매일 아빠가 어학 공부하고 다른 언어를 사용하는 모습을 보면 아기도 자연스럽게 공부에 대한 동기 유발이 되지 않을까 싶다. 아직은 내가 꿈꾸는, 가족 모임에서 3개 국어가 마구 뒤섞인 대화가 이뤄지는 데까지는 이르지 못했으나, 몇 년이고 이렇게 계속하다 보면 언젠가 이뤄질 거라고 생각한다.

아기가 생기니 어제보다 더 나은 사람이 되고 싶다. 많은 부모들도 그런 생각을 할 것이다. 꼭 어학 공부가 아니더라도 육아를 하면서 다른 방식으로 자기 계발을 할 수 있겠지만, 다른 취미들은 체력적인 부분도 많이 필요로 해서 육아하면서 병행하기가 쉽지 않을지도 모른다. 어학 공부는 긴 시간을 요하지도 않는다. 거기에 특히 전화로 어학 공부를 하면 나를 만날 리 없는 어딘가에 있는 성인과 마음 편히 대화할 수 있는 시간이 생긴다. 어차피 만나게 되지 않을 것이기 때문에 오히려 더 마음 편히 얘기할 수 있다. 온종일 아기에게 혼잣말처럼 말하고 있는 나에게도 소소한 즐거움이 되기도 한다.

상상해 보세요! 아이가 손잡고 하교할 때 다른 언어로 아이와 대화하며 집에 걸어오는 모습을. 한번 어학 공부를 시작해 보시겠어요?

입 까다로운 아기도 먹게 하는 아빠의 주먹구구식 요리법 2편

전복 버터 볶음밥 (2인분)

주의사항

전복 버터 볶음밥의 가장 큰 핵심은, 전복 손질입니다. 손질된 전복을 사면 가성비가 상당히 떨어져요. 너무 초라한 전복이 오거든요. 그래서 조금 번거롭더라도 산 전복을 사서 손질을 해 보시는 것도 좋은… 경험이 되실 거예요. 한번 해 보시면 이후로는 자료를 안 보고도 하실 수 있을 거예요.

준비물

1. 전복 중간 크기 3미
2. 숙주(콩나물) 한 줌
3. 양파 반 개
4. 버섯 한 줌
5. 간 마늘 한 숟가락
6. 굴 소스 한 숟가락

7. 버터 2큰술

8. 꿀(올리고당) 반 숟가락

9. 후추 약간

10. 들기름 조금

11. 밥 1.5공기

진행 과정

(사전 준비)

전복 손질은 영상으로 확인하고 손질하시는 게 가장 좋을 듯합니다. 좋은 영상이 많이 올라와 있더라고요. 이빨이 어떤 부분인지, 내장이 어떤 부분인지 직접 영상으로 보시는 게 구분이 잘될 겁니다!

1. 손질된 전복과 내장을 분리해서 담아주세요. 전복은 엄지손톱 정도의 크기로 잘라주세요.

2. 내장은 가위로 아주 잘게 잘라 물처럼 만들어 주세요.

(조리순서)

1. 중간 불로 살짝 데워진 프라이팬에 버터, 간 마늘, 전복을 같이 넣고 볶아 주세요.

2. 적당히 볶다가 전복이 노릇노릇해지는 듯하면 굴 소스, 숙주, 양파를 같이

넣고 2~3분 정도 볶아주세요.

3. 불을 약한 불로 낮추고 밥하고 버섯, 들기름, 전복 내장 한 숟가락 그리고 꿀 반 숟가락을 넣어줍니다. 딱 1분 정도만 더 볶아주신 후 불을 끄고 후추를 조금 뿌린 후 프라이팬에 남아 있는 열로 조금 더 볶아주시면 끝입니다!
*저는 내장을 한 숟가락 정도만 넣습니다. 전복 향이 진하게 나는 전복 볶음밥도 좋은데, 그냥 전복이 씹히는 이 식감의 맛도 좋더라고요. 취향껏 넣어 드시면 되겠습니다. 남은 내장은 따로 전복죽을 해 드시면 좋습니다. 참! 손질하신 내장은 빨리 드시는 게 좋을 거 같아요!
* 돌이 안 된 아기는 꿀은 생략해주시고 더 싱겁게 드셔요!

요약 포인트

숙주(콩나물)와 양파가 너무 숨이 죽기도 하고 전복은 오래 볶으면 좀 질겨지는 거 같아서 볶는 시간은 그리 길지 않게 하시는 게 더 맛있더라고요. 전복 손질만 익숙해지시면 뚝딱 만들어 낼 수 있는 요리가 됩니다!

3장

하나둘 육아가 익숙한 아빠로 살아갑니다

18개월,
공포의 잠 퇴행기

육아하면서 힘든 요인들은 굉장히 다양하고 복합적이다. 그런데 그중에서 다른 측면을 고려하지 않고 오로지 아기의 행동만 놓고 봤을 때 가장 어려운 부분은 잠과 밥인 거 같다. 그래서 옛사람들이 "잘 먹고 잘 자고 잘 싸면 행복한 거다." 이런 말을 했던 거 같다. 다행히 아기는 아내의 치밀한 잠자기 루틴으로 자는 데서 크게 고통을 준 적이 없었다. 이름대로 욕이 나온다는 18개월이 되기 전까진 말이다.

아내는 아기의 일과를 칼같이 짠 시간표를 가지고 왔다. 몇 시에는 무조건 재워야 하며 몇 시에는 무조건 식사 시간이고. 나는 사람이 살다 보면 이럴 수도 있고 저럴 수도 있지 어떻게 그렇게 칼 같이 맞추고 사냐며 반발했으나 예상대로 승산이 없는 승부였다. 다행히 아내는 어느 정도 내 의견은 받아주어서 계획한 시간의 플러스마이너스 30분 정도는 용인했다. 아기의 잠드는 시간은 7시로 정해졌다. 나름대로 열심히 지켰던 게, 만약 어디를 가고 싶은데 이동하다 보면 7시가 꽤 넘어가게 된다면 그 일정은 포기했다. 어디 갔다 올 때도 아기가 잠자는 시간만큼은 어떻게든 크게 벗어나지 않게 집으로 돌아오거나 아니면 아예 숙박하고 잠을 재우는 방식으로 잠드는 시간을 지켰다. 처음엔 '애가 기계도 아니고 부모 좋자고 뭘 그렇게까지 해야 하나?' 싶었다. 그런데 현재까지 우리 아기에 한해서는 그 전략이 상당히 괜찮았다고 본다. 아내는 지금도 "여자 말 들어서 손해 볼 거 없어."의 대표적인 예로 이 부분을 뽑는다. 아기는 그 시간 즈음 되어 우유 먹고 양치를 하고 나면 으레 자기가 잘 운명이란 걸 받아들였다. 그래서 잘 때 아기는 보통은 심각한 저항 없이 일찌감치 잠이 들곤 했다.

그런데… 18개월이 다가오고 있었다. '원더윅스'라고 아기가 성장하다 보면 거의 공통으로 나타나는 급성장하는 시기가 있다고 한다. 갑작스러운 성장은 당연하게 아기에게도 도전과 적응을 필요로 한다. 그래서 그 급성장기가 되면 아기들이 전에 하지 않던 난리를 피우게 되는데 그 기간을 원더윅스라고 한다고 한다. 그 용어를 알게 된 이후로, 나는 아기가 좀 심하게 보챌 때마다 'O개월 원더윅스'를 인터넷에 검색해 봤다. 그런데 내 체감상으로는 그냥 거의 하루하루가 원더윅스였다. 아니 이럴 거면 매일매일이 원더윅스라고 해야 하는 거 아닌가. 아무튼 이 원더윅스 중에서도 마지막 원더윅스가 바로 18개월이라고 했다. 육아하는 사람 모두가 동의하는, 지옥문이 열리게 된다는 시기였다. 하필 숫자까지도 아주 절묘해서 많은 부모들의 뇌리에 강렬하게 인상을 남기는 시기인 듯했다. 그런데 아기는 18개월이 되었을 때 조금 보채긴 해도 전과 크게 달라진 건 없기에, '오 어쩐 일로 이렇게 남들 다하는 거 안 하고 조용히 지나가려 하지?' 하고 있었다. 원래 태풍이 오기 전이 가장 고요한 법이라는 걸 잊고 있던 채로 말이다.

    내가 아기를 만나기 전에 나는 아기가 우는 것을 '응애'로만 알고 있었다. 아기가 울면 뭐 그냥 '응애' 하고 우는 거지 귀엽게. 그런데 아기는 그 작은 몸에서 나오는 소리라고는 믿을 수가 없을 정도로 엄청난 소리를 냈다. 내가 봤을 때는 아기들은 주변에 떠다니는 미세한 소리들을 전부 발가락 끝에서부터 끌어모은 다음 온몸 전체를 확성기로 활용해서 목으로 토해내는 거 같았다. 아기의 울음은 그냥 목에서 낼 수 있는 소리가 아니었다. 이 세상 모든 억울함과 고통을 다 끌어모아 토해내는, 소리라기보다는 액체처럼 온몸에 들러붙는 느낌의 그런 것이었다. 듣는 사람이 무엇이라도 하지 않으면 견디기 힘들 정도로 이 소리는 울림이 컸다. 그렇게 아기는 저녁이랑 새벽에 울어대기 시작했다. 나와 아내는 남에게 민폐 끼치는 것을 극도로 싫어하는 성격이다. 우리가 듣기 힘든 것은 둘째 치더라도 늦은 시간에 다른 사람들에게 피해를 끼치고 있는 게 너무 민망해서 견디기 힘들었다. 아마 전원주택에서 우리만 살고 있었다면 이 고통은 반 정도는 줄어들었을 것 같다.

육아 책과 육아 정보마다 아기가 잠들 때, 자다 깼을 때 해야 하는 반응이 조금씩 상이했다. 우리 부부는 아기가 크게 문제가 있어 보이지 않으면 업어 주거나 안아주지 않고 가능한 한 조용히 아기 배를 토닥여 주며 다시 재우는 방식을 선택하고 있었다. 그런데 이 소리들은 상당히 '문제가 있었다.' 아기가 우는 걸 본 게 하루 이틀 일은 아니었지만, 18개월이 되니 이 울음의 울림통은 너무나 커져 버려서 공포스럽기까지 했다. 거기에 아기 자신의 고집과 성질까지 더해져서 자해에 가까운 행동들까지 하고 있었다. '이래도 나를 안지 않고 재울 거냐?' 하며 대규모 시위를 벌이는 느낌이었다. 아기를 재우면서 '귀에서 피가 난다'는 표현이 이런 것이구나 하고 제대로 깨달았다. 귀에서만 피가 나는 게 아니라 온몸에서 피가 철철 흐르는 느낌이었다. 진정되지 않는 아기 배를 토닥이다 아기의 발길질에 얻어맞고 아기가 휘두르는 팔에 뺨을 맞으며 온몸이 만신창이가 되기 시작했다. 나는 여러 방법을 시도해 보았다. 불교의 반야심경도 외워보고 애타게 주님도 찾았다. 눈을 감고 최근 한창 듣고 있던 노래 〈문어의 꿈〉 가사를 머릿속으로 떠올려 보려 했다. 하지만 아기의 울음은 그런 수준이 아니었다.

몇 권의 책에서 긍정의 힘에 관해 얘기했다. '음… 그래 아기가 이렇게 맹렬하게 자는 것을 거부할 정도로 자는 게 싫은 거 보면 우리 아기가 우리 부부와 함께하는 생활이 즐거운가 보다. 다행이다.'라며 애써 마음을 위안하고 있는데 새벽마다 울부짖으며 깨는 소리에는 긍정적인 마음도 남아나질 않았다. 몸이 너무나도 피곤했기 때문이다. 그렇게 한동안 잠을 제대로 자지 못하자 온몸과 마음이 피폐해지기 시작했다. 〈화려한 고백〉이란 노래의 가사처럼 "너의 눈물이 마를 때까지 아빠가 지켜 준다고."를 머릿속에, 마음속에 항상 새기고 살려고 노력했으나, 너무 지쳐버린 나의 몸은 그걸 허락하지 않았다. 자꾸 짜증이 나고, 이렇게 사랑스러운 아기가 보고 싶지 않을 때도 꽤 있었다.

나는 읽어봤던 육아 책에서 내가 놓친 유용한 정보들이 있진 않은지, 이 시기를 어떻게 극복해 나가는 것이 현명한 것인지 틈만 나면 찾아보았다. "살려주세요!"로 시작되는, 나와 비슷한 사람들이 절박한 마음에 커뮤니티나 지식인에 올린 글들은 매우 많았다. '나만 이런 고통을 겪고 있는 건 아니구나.' 하는 생각에 마음은 좀 풀렸으나 해법은 제각각이었다. 그리고 대체로 "시간이 해결해 줍니다."라는 크게 도움 되지 않는 얘기들만 하고 있었다. 그렇게 하루하루 정보를 찾으며 피폐해지던 중이었다. 결국 나는 해답을 찾지 못했는데, 시간이 지나다 보니 아기의 잠 퇴행은 점점 줄어들기 시작했다. 두 달이 채 지나지 않아 아기는 원래의 잠 패턴으로 거의 돌아왔다. 결국, 정말 시간이 답이었나 보다.

보통 현대사회에서 아파서 힘들어하고 있는 사람들에게 "시간이 답입니다."라는 답은 답이 되질 않는다. 이렇게 빠르게 변화하는 세상 속에서 사람들은 고통이 자신의 안에 오래 머물도록 허락하지 않기 때문이다. 연애할 때도 혹시나 사랑 후에 고통이 남을까 봐 자신의 마음을 전부 주지 않기도 한다. 진통제를 먹든 수술을 하든 사람들은 빠르게 고통으로부터 벗어나 평안을 찾고 싶어 한다. 이런 상황에서 육아는 대체로 정답이 "시간이 답입니다."이다. "지금 내가 너무 힘들어서 정신병 걸리겠어!" 싶어도 특이한 경우 빼고는 대체로 시간이 답인 건, 어쩔 수 없는 일이다.

그래서 육아가 힘든 일인가 보다.

아기에게서 배운 봄을 보는 방법

봄이 되었더니, 아기는 겨울과는 완전히 다른 모습이 되었다.

봄을 맞이한 아기는 충만한 에너지로 가득 찼다. 인생에서 재밌는 일이라고는, 비싼 음식을 먹거나 해외여행을 나가서 좋은 술 한 잔 편하게 마시는 것뿐이라고 생각하는 나로서는 봄을 맞은 아기의 즐거움이 굉장히 낯설다. 춤을 추듯 살짝 구부린 무릎과 앞으로 쏘아져 나가듯 경쾌한 발걸음. 덩실거리는 팔 움직임. 머리카락을 찰랑거리며 좌우로 계속해서 마구 흔드는 고개. 빠르게 걸어 나가는 뒷모습만 보아도 아기가 얼마나 즐거워하고 있는지 느낄 수 있었다.

육아휴직을 하면서 얻을 수 있는 최고의 장점 중 하나는 이것이었다. 원래 장인에게 뭔가를 배우려면, 도제교육이라며 무급으로라도 그들을 따라다니며 그들이 하는 것을 눈으로 보고 배우지 않는가. 아기를 따라다니다 보니, 아기는 보는 눈이 진정으로 탁월한 '시선 장인'이었다. 그리고 나 또한 아기의 시선으로 세상을 바라보면서 너무 빨리 달려만 가던 나의 시간을 잠시나마 잡아둘 수 있었다. 우리 부부는 아기를 만나기 전부터 아기가 어느 정도 크기 전까지 아기에게 텔레비전과 핸드폰은 보여주지 않기로 했다. 아기는 매체를 접하지 못했고, 그래서인지 아주 작은 것들이라도 때로는 몇 시간씩 입에 물어보고 뜯어보고 돌려보고 관찰했다. 아내는 인테리어나 소소하게 예쁜 것들에는 전혀 관심이 없어서 집의 작은 변화는 거의 눈치를 채지 못한다. 그런데 이 아기 녀석은 내가 만드는 아주 사소한 변화도 귀신같이 눈치를 채고 그 앞에 가서 "쁘쁘쁘쁘!" 외치며 손가락질을 해 대곤 했다. 그럼 나도 모르게, 나의 예술적 손길이 누군가에게 인정받은 것 같아 검지로 코를 쓱 머쓱하게 닦으며 아기의 머리를 쓰다듬어 주게 되었다.

아무튼 그런 녀석을 겨울이라는 긴긴 시간 동안, 집 안이나 실내에만 가둬 두었다. 바람 한 점에도 견디지 못하고 콧물이 터져 나오는 아기의 콧구멍이 야속했으나 뾰족한 수가 없었다. 이미 아기는 집 안에 아주 사소한 것들까지 나랑 아내보다 더 자세히 아는 지경에 이르렀다. 그런데 조금씩 날씨가 풀리고, 이 세상을 다 맛보고 느끼고 싶은 욕구로 가득 찬 녀석을 밖으로 내보낼 수 있는 때가 되었다. 바깥에 대한 호기심은 아기 안에 꾹꾹 눌려 담겨 부글부글 끓고 있다가 아기를 밖으로 내보내자 폭발했다. 아기를 봄기운 가득한 바깥에 내어놓자 온통 '쁘쁘!'의 천국이었다. 봄을 맞은 아기는 연속적으로 세 걸음 이상을 떼지를 못했다. 온 사방이 아기에게는 흥미진진한 놀이터였기 때문에 멈춰 서서 세상을 살펴야 했기 때문이다.

  황량하던 나뭇가지에서 작게 피어나는 초록의 기운들을 아기는 놓치지 않았다. 놀이터 가는 길에, 어제까지 없던, 작지만 빨갛게 시선을 끄는 앙증맞은 꽃을 가진 매화나무가 생긴 것을 아기가 놓칠 리 없었다. 아기의 시선을 따라 이것저것 함께 공유하다 보니, 5년을 이 단지에 살면서 전혀 보지 못했던 것들이 보였고 이내 여러 감정이 들기 시작했다. 출근할 때는, 차를 타고 출퇴근을 하다 보니, 폭설이나 폭우같이 출근과 직접 관련이 있는 특이한 기후 상황이 아니면 봄인지, 여름인지, 가을인지 겨울인지 계절에 관심이 없었던 것 같다. 아니 정확히 말하면 나는 나름대로 그때그때 계절을 말하곤 했는데 아이와 함께하며 봄을 겪어 보니 내가 그동안 말한 봄은 봄이 아니었다.

  맑은 아침 햇살을 받고 노랗게 빨갛게 피어나는 꽃들은 겨울철에는 느낄 수 없는, 눈이 아플 정도의 찬란함이었다. 그저 '며칠 전보다 좀 푸릇푸릇해졌나?' 하는 뭉뚱그려진 발견이 아니라 어제는 저쪽 담장 반걸음 전까지 있던 생동의 기운들이 오늘은 담장까지 넘실거린다는 것을 볼 수 있게 되었다. 대상들에 대해 '대충 그런가 보다' 생각하지 않고 그 변화를 섬세하게 인식하니 그 생명력과 에너지가 더 선명하고 뚜렷하게 느껴졌다. 세상은 소리 내어 말하진 않았지만 가지마다 줄기마다 축제와 향연의 순간들이었다. 그런데 그 모든 변화들은 아기와 함께하지 못했다면 내가 발견하지 못했을, 아기가 여기저기 던진 시선들 덕분이었다.

예전에 읽은 어느 글귀에서, 행복한 사람들은 하루에 세 번 이상은 하늘을 쳐다본다고 했다. 아기는 흥미로운 것들 앞에서 예외 없이 멈춰서 "쁘쁘!"를 외쳤다. 나는 이제 하루에도 수십 번씩 목이 아프도록 하늘을 본다. 바닥에 기어가는 개미들도 아기와 쭈그려 앉아서 한참 보곤 한다. 나는 식물이라면 아무것도 모르지만, 눈을 반짝이며 "쁘쁘"를 외치는 아기에게 아빠로서 뭐라도 가볍게 설명해 주고 싶은 욕구들이 생겨났다.

"와, 꿀벌들이 많이 모여 있는 걸 보니, 꽃이 맛있나 봐."

"멀리서 봤을 때는 그냥 하얀색 꽃이었는데 바로 앞에서 보니까 하얀색과 노란색, 보라색도 조금 섞여 있네!"

아기는 "쁘쁘!"를 외치겠지만 둘 다 아무 말 없이 서 있을 수는 없었으므로, 나는 내 눈에 보이는 것들이 사실이든 아니든 그냥 무턱대고 말하기 시작했다. 그러다 보니 나는 우리 단지 내에 배롱나무는 어디에 몇 그루 정도나 심겨 있는지, 맥문동은 어제보다 얼마나 자랐는지, 이름을 알 수 없는 그 하얀색 꽃을 피운 나무는 어제보다 오늘 꽃을 어느 정도 떨어뜨렸는지. 이 모든 것들을 음미하게 되었다.

아기 덕분에 나의 봄은 진정한 색상들과 향기들로 가득 찼다. 출근할 때는, 집 밖을 나서는 순간에도 그날 해야 할 일들을 생각하느라 날씨가 추운지, 꽃이 피었는지, 단지에 새로운 조형물이 생겼는지 알지 못했다.

 아기와 함께하지 않았던 과거의 나였다면 절대로 알아차리지 못했을 진짜 봄, 봄의 향연이었다.

아빠에게도
프라이버시가 있어

"아… 공주야 제발 그것만은…! 너무 수치스럽다고…!"

잔뜩 일그러져 있는 나의 표정과 달리 아기는 생글생글 웃으며 내 옆에 서 있다. 상황은 이러했다.

16개월이 되어 가면서 아기의 취미는 '물건을 어딘가에 담았다 빼기'가 되었다. 그 행동에 무슨 의미가 있는지는 나도 알 수가 없었다. 다만 그냥 아기는 온종일 소꿉놀이하듯이 조금 더 큰 어딘가에 조금 더 작은 물건들을 여러 개 담았다. 그리고 어느 정도 쌓여가면 다시 그걸 뺐다. 그걸 몇 번이고 반복하고 있었다. "공주야, 그거 거기에 왜 담는 거야? 아빠도 궁금해서." 대답할 수 있을 리가 없었지만 그냥 괜스레 아기에게 물어보곤 했다. 아기는 새 부리처럼 입을 앞으로 뾰족하게 내밀고 물건들을 바구니에 담고 있었다. 아기의 입이 새 부리처럼 뾰족하게 튀어나왔다는 얘기는 지금 어딘가에 초집중하고 있다는 의미였다. 원래도 우선순위가 낮은 아빠의 말이 아기에게 지금 들릴 리 없다는 뜻이기도 했다. 아기는 베란다에 장식용으로 깔아 둔 약 3~4cm 되는 하얀색 돌을 통이나 장난감에 담는 것을 가장 좋아했다. 내가 베란다에 나무데크를 깔고 중간중간 빈 곳에 흰 돌들을 깔 때만 해도 아내는 "그냥 놔두면 되지, 뭐 하러 거기에 돌을 까나? 이상한 사람이네." 했다가 아기가 그 돌을 수시로 가지고 놀자 만족해했다. 아무튼 그 돌뿐만 아니라 아기는 물이 조금이라도 어디선가 나오면 물도 어딘가에 담아 뒀다가 옆에 옮기기도 하고 물을 바닥에 버리기도 했다.

아기의 성별은 내가 '공주'라고 부르는 것을 보면 알 수 있듯 여자이다. 아빠가 육아해도 아직은 성별이 다르기 때문에 크게 불편한 경우는 없었다. 가끔 나 혼자 아기를 데리고 문화센터나 어딘가 갔을 때 여자 아기를 남자 화장실에 데리고 들어가는 게 사람들에게 좀 죄송하긴 했다. 그래도 '두 돌도 안 된 아기니 다들 이해해 주시겠지.' 하며 데리고 다녔다. 아무튼 그 정도 말고는 크게 문제는 없었다. 하지만, 집에서 내가 화장실을 갈 때가 문제였다. 아기가 10개월 정도일 때는 일어서서 돌아다니지 못하는 상황이었으니 전혀 문제가 안 됐다. 하지만 아기가 한창 걷고 돌아다니기 시작하자 아기를 눈에서 뗄 수가 없었다. 그래서 소변을 볼 때 화장실 문을 열어 놓고 아기가 뭐 하는지를 확인하며 소변을 보곤 했다. 걸어 다니기 시작한 아기는 내가 "공주야, 아빠 소변! 빨리 다녀올게!" 하며 후다다닥 화장실로 달려가면 정신없이 뭔가를 하다가도 나를 쫓아오기 시작했다.

아기는 그냥 화장실 입구에 서서 내가 소변보는 모습을 빤히 보고 있었다. 세상에 이렇게 수치스러울 수가 없었다. 나는 아기에게 "공주야, 뭐 볼 수도 있긴 한데… 꼭 그렇게 가능한 한 몸을 쭉 빼서 아빠 소변보는 걸 봐야겠어? 너 그러다 잘못하면 아빠 오줌 튄다?" 하고 말했지만, 아기는 그러거나 말거나 내가 소변보는 모습을 아주 유심히 관찰했다. 소변보는 모습이야 워낙 뻔하고 전형적인 모습이니 한두 번 저러다 말겠지 싶었다. 그런데 아기는 점점 더 놓칠 수 없다는 듯 내가 소변볼 때 적극적으로 따라왔다. 그러다가 '아, 내가 너무 수치스러워하면서 반응을 크게 하니까 아기가 그 반응이 재밌어서 저렇게 따라다니는가 보다.' 하는 생각이 들었다. 그래서 어느 날은 "아빠 화장실 다녀올게." 하고 아주 묵직한 톤으로 말했다. 여러 육아서에서 아기 앞에서 갑자기 사라지지 말라고 했기 때문에 화장실 가는 것을 알려주긴 해야겠다고 생각했다. 그리고 여유로운 척 저벅저벅 화장실로 가서 경솔하지 않은 몸놀림으로 소변을 보기 시작했다. 아기는 어김없이 따라와서 화장실 앞에 자리를 잡고 섰다. 나는 곁눈질로 아기를 슬쩍슬쩍 보며 아주 진중한 표정으로 덤덤한 척 소변을 봤다. 오랜만에 내가 소변볼 때 적막이 흘렀다. 아기와 나 사이에는 '조르르르륵' 내가 소변보는 소리만 흘렀다. 하지만 잠시 후 아기는 "캬캭!" 하고 웃더니 생글생글한 표정으로 계속 내가 소변보는 모습을 지켜봤다. 그때 나는 그냥 모든 것을 내려놓게 되었다.

문제는 거기서 끝난 게 아니었다. 처음 말했던 것처럼, 16개월쯤 되자 아기는 물건이나 물을 어딘가에 담는 것을 좋아하게 되었다. 이제 어떤 상황이 생길지 상상할 수 있으리라. 어느 날은 내가 소변을 보러 가자 아기는 바가지 형태의 핑크색 펭귄 머리 장난감을 들고 쫓아왔다. 그리고 내가 소변을 보기 시작하자 아기는 그 바가지를(펭귄 머리를) 내 소변 줄기를 향해 힘껏 뻗기 시작했다. 핑크색 펭귄의 머리가 속절없이 내 소변 줄기 앞에서 왔다 갔다 하고 있었다. "아아아아! 공주야 그것만은 제발! 아빠가 잘못했다. 제발 그것만 빼고!" 나는 비명을 질렀다. 소변 줄기를 가능한 한 아기에게서 먼 곳으로 보내자 아기는 더 멀리 팔을 뻗으며 버둥버둥거리기 시작했다. 소변을 어떻게든 펭귄 머리에 담겠다는 듯 아기의 표정은 진지하기 짝이 없었다. 소변을 보고 있는데 내 앞에서 바가지가 왔다 갔다 하는 모습은 정말이지 충격 그 자체였다.

그 경험은 너무 충격적이어서 다음번에는 "아빠 화장실!" 하고 막 달려가서 소변을 빠르게 보려 했는데 아기는 또 "캬캬캬!" 하고 웃으며 쫓아왔다. '원래 이맘때쯤 아기가 이렇게 지능이 높은가?' 싶은 생각도 들고 온갖 생각이 스쳐 지나갔다. 결국 아기 있는 쪽으로 등지고 소변을 보며 아기를 막아서는 방법을 택했다. 엉덩이를 위로 아래로 씰룩씰룩하며 아기를 막아내고 그렇게 소변을 볼 때마다 아기와 사투하며 하루하루가 흘러갔다. 시간이 조금 더 흘러가자 어느 날부터 아기는 내가 화장실을 간다고 해도 더 이상 들은 척도 하지 않았다. "공주, 아빠 화장실 간다? 진짜 간다?" 하고 아기에게 물어보면 아기는 귀찮다는 듯 "으으응" 하고 대답했다. 사람 마음이 참 간사한 건, 아기가 막상 화장실을 쫓아오지 않자 뭔가 아쉬운 마음이 들었다. 이렇게 "으으응" 하고 대답이라도 해 주면 감사할 따름이었다. 여전히 육아를 모르는 초보 아빠지만 육아도 그런 게 아닐까 싶은 생각도 들었다. 막상 할 때는 '얘가 왜 이럴까?', '이 이상한 특성은 언제 가야 끝이 날까?' 싶지만, 생각보다 아기는 금방 부쩍 커 버리고, 막상 어느새 그렇게 커 버린 아이를 바라보면서 과거를 그리워하게 되는 게 아닐까. 그 순간들은 절대로 다시 돌아오지 않으니까 말이다. 그래서 오늘도 '지금 아기의 모습에 감사하고 현재에 집중하자.' 하는 각오로 하루를 시작하지만, 여전히 하루에도 수십 번씩 입이 뾰족뾰족 튀어나오는 아빠였다.

아기가 아저씨들을 무서워하는 이유는 O 때문이다

아기는 어릴 때부터 양가 가족들을 자주 만났다. 지나가다가 아이한테 관심을 주시는 감사한 어른들과도 많은 소통을 하며 커 왔다. 그럼에도 불구하고 아기는 항상 낯선 이들을 보면 엄청나게 경계했다. 대부분의 처음 만나는 사람들은 당연히 경계했지만, 특히나 성인 남자들을 엄청나게 경계했다. 엘리베이터를 기다리면서 아기는 나와 까꿍 놀이를 했다. 아기가 구석으로 가서 쭈그리고 앉아 있다가 갑자기 팔짝 뛰고 만세를 하고 나를 향해 돌아보며 웃어 주었다. 그럼 나는 "까~꿍!" 하면서 함께 꺄르르 꺄르르 웃었다. 그렇게 행복하게 함께 놀다가 엘리베이터가 도착하고 띵동 소리가 들리면 아기는 큰일이라도 난 것처럼 엘리베이터 문 앞에 떡하니 자리하고 문이 열리기를 기다렸다. 엘리베이터 문이 열리고 만약 거기에 성인 남성이 타고 있었으면 아기는 누가 봐도 당황하는 표정이 역력했다. 간신히 엘리베이터 안에 태워도 아기는 주먹을 꽉 쥐고 눈을 살짝 내리깐다든지 면벽 수련을 하는 수도승처럼 엘리베이터 구석에서 벽을 보고 있었다. 나와 아내는 '아빠가 육아 중인데 왜 성인 남자들을 이렇게 경계할까?' 하며 의아해했다.

그러던 어느 날이었다. 명절이라 부모님 댁에 가 있었는데 오래된 동네 친구 녀석이 부모님께 인사도 드릴 겸, 선물로 들어온 양주도 한 병 가져다 준다며 집으로 인사를 왔다. 친구는 키가 183cm 정도에 아주 체격이 좋았다. 녀석이 들어오자 부모님 댁에서 음악에 맞춰 춤을 추고 있던 아기는 얼어붙은 것처럼 동작을 멈췄다. 그리고 엄마에게 달려들어 엉엉 울기 시작했다. 친구 녀석은 멋쩍어하며 아기 근처에서 일부러 얼굴을 구기며 아기를 웃겨 보고자 노력했다. "야 안 그래도 무섭게 생겼으니까 자꾸 얼굴 더 구겨서 애 놀라게 하지 마." 웃으며 말했는데 친구의 노력은 효과가 있는지 아기는 서서히 친구에게 적응했다. 얘기하다가 내가 먼저 말을 꺼냈다.

"애가 왜 성인 남자들만 보면 이렇게 울어댈까? 내 친구들 보고 다 엄청 울었다? 딱 한 명 빼고 말이지."

그 말을 듣고 미간을 찌푸리던 친구가 물었다.

"그 친구가 너보다 키가 작거나 같지?"

그 순간 그 자리에 있던 모든 가족들은 아르키메데스가 "유레카!"를 외친 것처럼 깨달음을 얻었다. 그런데 그 이후에 몰려오는 자괴감은 나의 것이었다.

"연구 결과에 따르면 아기는 아빠가 세상에서 가장 큰 존재라고 생각한

대. 그래서 아빠보다 큰 사람들은 다 무서워한대."

"그럼… 공주는 이 세상 남자들 거의 대부분을 무서워하겠는데?"

손톱을 물어뜯으며 친구에게 말을 건넸더니 친구는 태연하게 대답했다.

"그럴…지도?"

"아아아니 이 키로 여태껏 잘 살아왔는데 여기서 이렇게 키가 내 발목을 잡을 줄이야! 이 더러운 세상!"

내가 부들부들하고 있자 아버지는 "엣헴…." 하시며 고개를 돌리셨다. 엄마는 키가 큰 편인데 아버지 키가 작았기 때문이다. 나는 아기를 설득하기 시작했다. "공주야 아빠는 공주를 향한 마음의 크기는 세상에서 가장 큰데, 키는 작은 편이야. 세상에 많은 아저씨들이 아빠보다 키가 커. 그러니까 이제 아빠보다 큰 아저씨들 만났다고 해서 무서워할 필요 없어. 알겠지?" 아기는 눈을 동그랗게 뜨고 내 말을 듣고 있었으나 도무지 이해한 거 같은 표정은 아니었다.

그 이후로도 아기는 성인 남성들을 보면 오열하거나 얼어붙었다. 그러다가 친한 친구가 집 근처라고 해서 아기와 잠깐 만나기로 했다. 나는 친구에게 "아마 만나면 공주가 엄청나게 반가워할 거야. 무서워하지도 않고 말이지. 그 이유는 이따가 말해주지. 흐흐흐흐." 하고 말했다. 멀리서 해맑게 웃으며 다가오는 친구가 보였다. 공주는 내 손을 잡고 있다가 친구가 곁에 왔음에도 불구하고 큰 동요가 없었다. 환하게 웃어 준 건 아니었지만 무표정하게, 하지만 아주 호기심 가득한 눈빛으로 친구를 바라보고 있었다. 5분도 채 되지 않아서 아기는 심지어 친구에게 안겨 있기까지 했다.

"성인 남자들 되게 무서워해서 걱정이라고 하지 않았어? 엄청 붙임성 좋은데?"

친구는 아기를 안은 채 활짝 웃으며 말했다. 나는 비릿한 미소를 지으며 대답했다.

"그게 왜일까? 그건 우리에게 큰 특징이 있기 때문이지."

친구는 잠시 멈칫했다가 대답했다.

"잘…생겨서?"

"그건 맞는 말이지만, 또 하나의 이유가 있지. 이제 슬슬 감이 올 텐데? 애써 진실을 피하지 말라고." 친구는 다시 멈칫했다가 망연자실한 표정으로 말했다.

"설…마?"

아기는 세상 환하게 웃고 있었지만, 친구도 울고 나도 울었다.

공주야, 아빠가 키가 작아서 네가 세상 많은 남자를 무서워하게 만들어서 미안해. 아빠 키는 더 키울 수가 없으니 널 사랑하는 마음은 열심히 더 키워 볼게. 이제 아저씨들 좀 그만 무서워해. 제발.

초보 아빠의 한마디

이후에 확인해 보니, '아기가 아빠보다 키 큰 사람을 무서워한다'는 연구 결과는 없다고 합니다. 그 말을 했던 친구 녀석에게 분노가 치밀었습니다만, 일단 다행입니다….

괜찮아,
아빠 여기 있어

 육아를 시작하기 전, 나는 육아에 대해 아무것도 모르기 때문에 육아와 관련된 책을 여러 권 사서 읽어 보았다. 세세한 팁들도 있었고, 육아의 본질에 대해 말하는 경우들도 있었다. 그런데 대체로는 '좀 힘 빼고 키우면 된다.'라고 요약할 수 있었다. 처음 아기를 키우는 부모들은 아기의 반응에 세상이 무너질 듯 요란스럽게 반응하게 될 것이다. 그건 아마도 초보 부모들은 어쩔 수 없다. 하지만 아이가 이것저것 과감하게 경험해 보고, 작은 문제가 생겼을 때 부모가 웃으며 대수롭지 않게 여겨 줘야 아기가 예민하게 자라지 않는다고 했다.

 클리스텐슨 교수의 『하버드 인생 특강』에서는 "내가 부모님으로부터 받은 가장 큰 재능은 부모님이 나를 위해 해 주신 일보다는 나를 위해서 하시지 않은 일로부터 생긴 것 같다."라고 말했다. 아이가 스스로 이것저것 해 볼 수 있게끔 기다려 주고 부모의 적극적인 개입보다는 힌트 정도만 주어서 아이가 스스로 해결할 수 있게 해야 한다는 의미였다. 나는 그래서 육아 방침으로 '부모로서 아기에게 이것저것 다 해 주고 싶겠지만, 최소한의 울타리 역할만 해 주고 아이가 그 안에서 맘껏 실패하며 배울 수 있게 정서적으로 지지해 주고 응원해 주자.' 정도로 정했다. 아기는 걷기 시작하고 마침 날까지 좋아지자 밖을 활보하기 시작했다. 그런데 아빠의 눈에는 아무리 봐도 온 세상은 '지지'들과 위험 덩어리들 투성이였다. 저 멀리서 신나서 뛰어가고 있는 어린 강아지도 내 눈에는 거대한 맹수로 보였다. 평상시에는 보이지도 않던 작은 담배꽁초, 새똥, 정체를 알 수 없는 물체들 이런 것들이 다 아주 크게 보이기 시작했다. '에이 이 정도는 괜찮아' 하는 마음과 '안 돼! 이건 정말 안 돼!' 하는 마음은 항상 팽팽하게 기 싸움을 하기 시작했다.

어느 날은 아기가 한 손에 내 손을 잡고 걸어가다가 갑자기 속도를 올리면서 잡고 있던 손이 슥 미끄러졌고 아스팔트 길에 얼굴을 쿵 내리찍었다. 아기는 엉엉 울기 시작했고 입에서 피가 흘러나왔다. 시간이 좀 지나고 보니 입술이 퉁퉁 부어 있었다. 다행히 치아나 다른 부분에 문제는 없었다. 그때 나는 나 자신을 얼마나 자책했는지 모른다. 머릿속으로는 계속, '아기는 살면서 끝없는 도전과 실패를 경험해야 하고 그 순간마다 넘어지고 다치는 건 어쩔 수 없는 일이야. 이 정도 상처는 정말 별거 아니지' 싶다가도 막상 입술이 퉁퉁 부어 있는 아기를 보면 마음이 안 좋았다. '그때 손을 조금만 더 꽉 잡아 줬으면 아스팔트 길에 얼굴을 정면으로 넘어지지는 않았을 텐데.' 그럴 때면 '성장이고 뭐고 다치게 하고 싶지 않아!' 하는 마음으로 크게 기울었다가 다시 스스로 마음을 진정시키고 나의 육아 방침을 떠올리곤 했다. 그렇게 아이를 온전히 보호해 주고 싶은 내 마음과 아이 스스로 이것저것 시도해 보고 실패할 수 있게 해 주자는 나의 이성의 말 사이 어딘가에서 항상 왔다 갔다 하며 지금까지 아기와 함께했다. 다만 나는 '아빠니까, 아기를 좀 더 과감하게 키우자.' 하고 조금 더 의식적으로 노력하고 있다. 요새 아기는 총총총총 뛰어가다가도 뒤를 돌아 내가 있는 걸 종종 확인한다. 나는 아기를 뒤따라 달리다가 멈춰서서 환하게 웃으며 "아빠 여기 있어 걱정하지 마."라고 말해준다. 그러면 아기는 안심한 듯 다시 고개를 한 번 끄덕이고 앞으로 총총총총 뛰어나가곤 했다. 그렇게 내가 뒤에 있는 걸 확인한 아기는 이것저것 새로운 시도들을 하기 시작했다. 하나를 계속해서 도전하진 않더라도 새로운 시도를 크게 두려워하지는 않는 눈치였다. 계단을 오르락내리락하기 시작하고, 놀이터에서 하지 못하는 활동들이 점차 줄어들고 있었다.

그러다 보니 부모님이 떠올랐다. 지금같이 육아휴직 같은 육아와 관련된 제도가 잘 갖춰지지 않은 상황에서 부모님은 참 바쁘게 나를 키우셨다. 어린 시절이 생생하게 기억나진 않지만, 항상 뭔가에 바쁘셨던 부모님의 모습이 떠오른다. 하지만 세상 많은 일에 새롭게 도전하면서 별로 두려워하지 않는 나의 성격을 보면 부모님이 어떤 마음으로 나를 키우셨을지 상상할 수 있었다. 달려가는 내 뒤에서 종종종 따라오시며 내가 넘어지지는 않을까 양손을 벌려 내 뒤를 받쳐 주며 달리시다가 부모님이 계신지 내가 획 돌아보면 아무것도 하지 않은 척 팔을 슥 빼고 나를 향해 환하게 웃어 주셨을 것이다. 내가 새롭게 뭔가에 도전하는 것을 뒤에서 근심 가득한 표정으로 지켜보셨을 것이다. 그리고 돌아보는 나를 향해 항상 밝게 웃으며 "우리 아들은 잘할 거야." 하고 안심시켜 주셨다.

이제는 결혼해서 아기를 따라다니고 있는 아빠가 되었지만, 지금도 뒤를 돌아보면 부모님이 환하게 웃으며 나를 응원해 주고 계신 거 같아 한 걸음 한 걸음 또 씩씩하게 내딛고 있다. 나도 뒤돌아보는 아기에게 오늘도 씩씩하게 외친다. "공주 잘하고 있어! 괜찮아. 아빠 여기 있어."

내가
주 양육자였지?

아내와 나는 기본적인 육아의 관점이 매우 달랐다. 우리 부부를 아는 사람이라면 아내와 내가 어떤 육아를 추구했을지 보지 않아도 대충 짐작할 수 있을 것이다. 아내는 무엇이든지 정확하게 하는 것을 좋아했다. 어딘가에서 "아기 물병을 소독할 때는 물이 끓어오르기 시작하면 불을 *끄고* 30초 동안 물병을 넣고 소독하면 됩니다." 이런 글을 보면 아내는 이렇게 한다. 물이 부글부글 올라오는 모습을 확실하게 확인하고 불을 끈 다음 진지한 표정으로 그 자리에 서서 30초를 세고 있다. 그럼 옆에서 그 모습을 보고 있던 나는 괜히 장난기가 발동해서 아내가 숫자 세는 것을 방해했다. 일부러 "19", "3", "25" 이런 식으로 무작위 숫자를 막 불렀다. 그럼 아내는 달려와서 내 등짝을 때리면서도 시선은 물이 끓고 있는 냄비를 보고 숫자 카운트는 멈추지 않았다.

음식을 할 때도 200mL 넣으라고 하면 정말 계량컵으로 200mL를 정확하게 넣어서 해야 한다고 나를 설득했다. 나는 아내와 정반대의 성격이어서 '대충, 빨리'가 내 육아의 방침이다. 모든 부분에서 대충, 빨리하는 건 아니지만, 나는 진짜 중요하다고 생각하는 부분들에 집중하기 위해서 본질이 아닌 것들은 대충 빨리 끝내자는 주의다… 라고 나 스스로는 주장했다.

내가 육아휴직을 시작하면서도 그 기조는 계속되었다. 어느 날은 아내가 "여보 공주 오늘 예방접종 맞혀 주고 와요" 했다. 아내는 꼼꼼한 성격이니까 작은 아기 수첩을 전해 주면서 "이것도 병원에 가져가야 해요." 하고 알려주었다. "네, 잘 다녀올게요. 여보 출근 잘하고 와요!" 하고 아기를 한 손에 들고 한 손에 아기 수첩을 챙겨 들고 소아과 병원으로 덜렁덜렁 향했다. 전에도 소아과에 아기 예방접종을 맞혀 주려고 몇 번이고 오긴 했었다. 하지만 그때는 아내와 함께였다. 홀로 온 건 처음이라 막상 도착하자 '뭐 어떻게든 되겠지!' 싶다가도 묘하게 신경 쓰이는 느낌이었다. 매번 왔던 곳인데도 주변의 환경들이 조금은 다르게 보였다. 그런 아빠의 상황을 눈치 챘는지 아기는 심각한 표정으로 나를 바라보고 있었다.

"공주 보호자 이거 작성해 주세요."

종이 한 장을 받아 들고 작성하려고 하는데 분명 한글로 적혀 있는데 눈앞이 하얬다. "어… 뭐지…?" 종이에는 아기 주민등록번호를 쓰고 아기 몸무게, 키 등을 적으라고 되어 있었다. '주민등록번호는 앞에는 알겠는데…

뒤에 여자니까 2인가…?' 나는 무관심했던 아빠는 아닌지라 아기가 검진 같은 걸 가면 대부분 아내와 함께 가곤 했다. 아내가 아기 몸무게가 얼마고 키가 어느 정도고 이런 얘기를 조잘조잘해 주면 듣긴 들었는데, 정상 범위 안에 있다는 것을 확인하는 정도였다. 주민등록번호도 항상 아내가 필요할 때 알아서 적었으니 나는 외우지 못했다. 그제야 '아, 내가 지금 공주 주양육자인데!' 하고 생각이 번뜩 들었다. 내가 당황하며 혼돈의 상황을 겪고 있는 듯하자, 친절한 간호사가 '잘 모르실 수 있다'며 "이 부분들만 적어주세요." 하고 얘기해 주었다. 감사하면서도 자존심이 상하고 묘한 기분이었다. 아기를 데리고 집에 온 후에 열심히 아기 주민등록번호를 외웠다. 병원에서 측정한 아기 몸무게와 키도 다시 보게 되었다. "이제 공주에게는… 나밖에 없다." 나는 비장한 표정으로 주먹을 꽉 움켜쥐었다.

생각보다 아기 밥을 만들어서 아기 밥을 혼자 먹이기 시작할 때나, 아기를 데리고 혼자 밖에 나갈 때나 아기 똥을 닦아줄 때와 같은 일상에서는 내가 주 양육자라는 생각이 크게 와 닿지 않았다. 그런데 아기에 대해 어떤 구체적인 수치들을 나에게 묻자, 그제야 '내가 아기의 주 양육자구나.' 하고 번뜩 깨닫게 되었다. 이런 것들은 그냥 감으로 하는 게 아니라 정말 의식적으로 집중해서 숫자를 기억해 둬야 하기 때문이다. 항상 주 양육자였던 아내가 있으니 그런 부분들에는 의식적으로 신경 쓰지 않았다. 나의 '대충 어떻게든 다 될 거야.' 하는 낙천적인 성격 탓이 크긴 하겠지만, 주 양육자로 지내보지 않으면 내가 받은 질문들에 대답하지 못하는 부모들도 많으리라 생각한다.

이제는 소아과 병원에 가면 간호사분들도 나를 알아보시고 인사도 해 주신다. "공주 아버님 안녕하세요?" 그리고 이제는 병원에서 어떤 서류들을 받더라도 나는 일말의 두려움도 생기지 않는다. 내가 육아휴직 하는 그 시간 동안 나는 아기의 주 양육자로서 다양한 경험을 함께해 왔기 때문이다.

> **초보 아빠의 한마디**
>
> 육아휴직 전에도 아기가 검진을 받으러 갈 때, 어지간하면 다 아내를 따라갔습니다. 그래도 막상 혼자 아기를 병원에 데리고 가니 혼란스럽더라고요. 부부가 함께 다니시다가 갑자기 혼자 아기를 데리고 병원에 가시면 생각보다 아이 주민등록번호, 키, 몸무게 이런 것들이 바로 안 떠오르실 수도 있어요! 큰 문제는 되지 않으나, 핸드폰에 간단히 메모하고 가시면 좋을 듯해요.

남편을 밥하게 하는
아내의 필살기, 칭찬

결혼 전에 나는 프로지출러였다. 부양가족이 있는 것도 아닌데 엄청난 소비로 인해 연말정산에서 상당히 돈을 돌려받았다. 연말정산 즈음해서는 '돈이 또 들어오겠군.' 하며 또 돈을 펑펑 썼다. 지출 항목에는 여러 가지가 있었다. 주된 지출 항목은 옷이었다. 옷을 너무 좋아해서 옷 사는 데 돈을 많이 썼고 친구들과 술자리도 잦았다. 비싼 걸 먹는 스타일은 아니었지만 자주 사람을 만나다 보니 지출이 컸다. 그리고 기본적으로 별 생각 없이 돈을 썼다. 부모님은 그런 나를 보며 항상 걱정하셨다. "훈남아빠가 다른 건 큰 문제가 없어 보여. 그런데 우리 가족 중에 저런 사람이 없는데 어디서 저렇게 돈을 많이 쓰는 녀석이 나왔을까."

결혼한 후에 나는 용돈 30만 원을 받고 산다. 누가 들으면 "유부남이 한 달 용돈이 30만 원이면 꽤 많네?" 할 수도 있는데 내 용돈 지출 내역을 보면 꼭 그렇지는 않다. 일단 12만 원이 전화 중국어, 전화 영어 할부금으로 나간다. 7개월 할부를 했다. 배달 음식은 생활비로 주로 쓰긴 하지만 가끔 내가 흥이 올라서 "오늘은 내가 쏜다!" 하다가 월평균 8만 원 정도가 나간다. 결국 10만 원 정도로 생활하는 것이다. 이렇게 프로지출러였던 내가 적당한 용돈으로 살아가게 된 것이 내가 아내를 사랑하기 때문이 가장 크긴 하겠지만 아내에게는 필살기가 하나 있기 때문이다. 바로 칭찬이다.

평상시에 아내는 좀 뚱한 표정을 하고 있다. 퇴근하고 와도 종종 직장에서 연락이 오기도 하고 원체 걱정 근심이 많은 사람이다 보니 내 앞에 있어도 딴 걱정하느라 정신이 없을 때가 많다. 그런데 아내는 필요에 따라서 상당히 과장된 칭찬을 잘한다. 먼저 떠오르는 예는 이거다. 월급은 내 통장으로 받았다가 30만 원을 제하고 아내에게 보내기로 했다. 용돈을 빼고 아내에게 돈을 송금하면 아내는 항상

"서방님 한 달 동안 돈 버느라 너무너무 고생했어요. 우리 서방 멋져용!"

하고 말해주곤 했다.

그럼 나는 씰룩이는 입가를 진정시키고,

"열심히 벌었지. 으흠." 하고 대답하게 되는 것이었다.

뭔가 내가 묘하게 세뇌당하고 있다는 생각이 들기도 했는데, 이때까지도 나는 알아차리지 못했다. 이 곰 같아 보이는 아내가 얼마나 뛰어난 수단가인지.

결혼 후에 가끔 내가 요리를 하면 아내는 어김없이 필살기를 썼다. "와… 이건 진짜 내 인생 요리다!", "이렇게 맛있는 음식은 먹어본 적이 없어요." 이런 궁극의 표현들을 아낌없이 남발했다. 그럼 나도 모르게 한번 해 줄 요리를 한번 더 하게 되고 이런 식이었다. 그렇게 나의 집안일은 시작은 미천하게 시작했으나 이제는 아기 요리까지 매일 세끼를 하게 된 것이다. 그 모든 과정에 아내의 칭찬이 들어 있었다. 아기 요리를 하면 "이렇게 맛있으니까 공주가 잘 먹는구나. 우리 아빠 짱이다!"라고 말해주었다. 아기는 '이게 아닌데…?' 하는 표정으로 꾸역꾸역 밥을 먹고 있어도 아내의 칭찬은 멈추지 않았다. 그 칭찬 한 개 한 개가 지금의 나를 만들었다. 칭찬은 고래도 춤추게 한다더니, 나를 요리하고 일하게 했다. 말 한마디에 천 냥 빚을 갚는다더니 아내는 말 몇 마디 하고 지금의 나름대로 헌신적인 나를 만들었다. 이렇게 효율이 좋은 방법이 세상에 또 있을까.

이렇게 쉬워 보이는 칭찬이지만, 생각보다 나 스스로 아내를 그리 많이 칭찬하지 않고 있다는 점에 깜짝 놀랐다. 아니 이렇게 말 한마디만 하면 서로 좋아지는 일인데 나는 왜 지금까지 아내를 칭찬하지 않았을까 하는 생각에 나도 소소한 칭찬을 하기 시작했다. 늘 걱정을 많이 하는 아내가, 어느 날 초조해하는 나에게 "여보, 괜찮아질 거야."라는 말을 했다. 나는 아주 소스라치게 놀라며 "여보가 그런 말을 해 주니까 진짜 마음이 안정되고, 여보가 든든한 나의 버팀목처럼 느껴져. 세상에! 갑자기 이런 불안감과 초조함이 다 쑥 내려가는 거 같아." 말하면서도 이게 맞는 건가 했는데 갑자기 이 뚱한 표정인 아내의 눈가가 꿈틀꿈틀하면서 전체적으로 미소에 가까운 얼굴이 되는 걸 보았다. 그 이후 아내는 내가 조금 부정적인 상태에 있는 거 같으면 특유의 근엄한 표정과 함께 긍정적인 말로 나를 안심시켜 주곤 했다. 그리고 그 말을 뱉은 후에 오묘하게 고개가 10도 정도 위로 젖혀지며 '어디 한 번 좋은 말을 시작해 보시지.' 하는 표정을 짓는 게 아닌가.

아기에게도 칭찬 전략을 써 보기로 했다. "~하지 마!" 하는 말이 하도 많다 보니 아기가 해줬으면 하는 방향으로 말을 하고 아기가 그렇게 해 주면 아내에게 배운 근본 없는 꽃게 춤을 추며 박수를 쳐 주었다. 그랬더니 아기도 곧장 그 행동을 하기 시작했다. 거기에 크게 소리 내 웃지는 않지만 쑥스럽다는 듯이 씨익 웃는 아기의 귀여운 얼굴 표정도 덤으로 볼 수 있었다. 예를 들면 언젠가부터 갑자기 아기가 자꾸 차도로만 걸어 다니려 하기 시작했다. 그래서 "공주! 차도로 다니면 위험하니까 거기로 가면 안 돼!" 하지 않고 "공주야, 거기 차 다니는 곳이라 위험하니까 여기 색깔 있는 길로 다니자." 하고 말했다. 당연히 아기는 내 말을 들은 척도 하지 않고 자기 하고 싶은 대로 했다. 몇 번 정도 그러다가 우연히 아기가 내 말을 듣는 듯하면 열광하며 꽃게 춤과 박수를 해 줬다. 지금 아기는 차도로 나가기 전에 내 얼굴을 쓱 쳐다보며 허락의 표시를 기다린다.

이런 글을 보고 '내 남편(아내), 아들(딸)은 칭찬해 줄 구석이 한 개도 없는데 어떻게 칭찬을 해 주나?' 하는 생각이 들 수도 있다. 하지만 칭찬을 하는 데는 돈이 들지도 않고 조금 부끄러워도 눈 한 번 질끈 감고 뭐든 좋은 말을 하면 되는 어렵지 않은 일이다. 그렇게 툭 내뱉으며 시작한 칭찬의 릴레이가 사람을 어디까지 변하게 만들 수 있을지는 아무도 모른다. 결혼했을 때 라면만 끓일 줄 알았던 내가 매일 세끼 아기 밥을 만들고 있고 아기의 주 양육자로 나서게 된 것처럼 말이다. 지금 바로, 옆에 있는 가족에게 뭐라도 좋으니 칭찬 한마디를 해 주면 어떨까. 사람에 따라서는 '갑자기 뭐야, 싱겁게…' 하고 반응할 수도 있겠지만, 분명 속으로는 버드나무가 바람에 살랑이듯 마음도 살랑살랑 흔들리고 있을 것이다.

밥을 못 하는데
혼자 육아할 수 있나?

최근에 주변을 둘러보면 확실히 전보다 아빠가 육아휴직 하는 경우를 어렵지 않게 볼 수 있다. 하지만 아직까진 아빠가 아기를 키우겠다는 이유로 육아휴직이 보장되지 않는 상황에서 무리하게 육아휴직을 시작하는 경우는 보지 못했다. 대부분의 육아휴직을 하는 아빠들은 육아휴직이 실제로 보장이 되는 상당히 운이 좋은 케이스들이었다. 나 또한 그런 점에 굉장히 감사하고 있다. 그러다 보니 내 주변 아빠들은 육아휴직을 사용할 수 있는 환경이기 때문에 육아휴직을 시작하는 경우가 많았다. 그래서 아빠들은 육아휴직을 시작해도 보통, '주 양육자'보다는 육아의 '보조자'로서 역할을 했다. 아기가 어느 정도 컸을 때 육아휴직을 시작해서 아이를 등원, 등교시켜주는 정도의 역할을 한다거나 엄마와 아빠가 동반 육아휴직을 하는 형태가 많았다. 주변에서 그렇게 육아휴직을 시작하거나 고민 중인 아빠들이 종종 나에게 물어보곤 한다.

"육아휴직 하면 어떠냐?"

저 질문을 너무 지겹게 많이 받아본 터라, 나는 별 고민도 하지 않고 간결하게 대답한다.

"힘들긴 힘든데, 행복하다."

"누가 육아휴직 쓸 수 있는데 쓸지 말지 고민 중이라면 무조건 쓰라고 말할 거다."

그런데 얘기를 하다 보면 아빠들이 주 양육자가 되길 무서워하는 가장 큰 이유는 보통 아기 밥 때문이었다. "너는 니가 아기 밥도 다 해 주고, 집안일도 니가 주로 하는 거 같던데 그럼 아빠가 육아휴직 할 때 제일 필요한 능력이 뭔 거 같냐? 요리 잘해야 되냐? 나 라면밖에 못 끓이는데."

보통의 아빠들은 육아휴직을 하려고 하면 덜컥 드는 걱정이 '아이의 밥은 어떡하지?'인 것 같다. '내 밥도 못 차려 먹는데 아이의 밥을 어떻게 해 줄 수 있을까?' 하고 걱정이 되나 보다. 다행한 점은, 두 돌이 되지 않은 아기의 밥은 생각보단 요리 자체가 어렵지는 않다는 점이다. 처음엔 나도 도대체 뭘 해 줘야 할지 당황스럽고 혼란스러웠다. 하지만 두 돌이 되지 않은 아기들은 간이 센 것이나 매운 것을 먹지 못한다. 그래서 어차피 대단한 요리를 한다기보단 그냥 좋은 재료를 적절하게 잘 익혀서 아이가 먹게 해 준다는 개념에 더 가까운 것 같다. 그래서 채소의 억센 부분이나 고기의 힘줄을 좀 제거해 준다는 정도의, 재료 손질할 때 주의할 점이 있기는 하지만 생각보다 굉장한 요리 실력을 요하진 않는다. 물론 요리 실력이 그리 중요하지 않다는 것이지 번거롭고 힘든 건 사실이다. 매일 세끼를 만들어야 하므로 매일 메뉴를 고민해야 하고, 음식을 만들고 치워야 하기 때문이다. 하지만 어차피 엄마가 육아해도 아기 밥을 처음 해 줄 때 난감한 것은 아빠나 마찬가지이다. 아기의 밥은 엄마도 처음이기 때문이다. 결론은 요리는 의외로 어떻게든 되리라는 것이다.

앞의 질문으로 돌아가서 그래서 "아빠가 육아휴직 할 때 가장 필요한 능력이 뭐냐?"에 답하자면, 일단 가장 먼저 생각나는 단어가 하나 있다. 그건 바로 '인내심'이다. 어쩌면 이건 육아를 하는 엄마들에게 물어도 같은 대답이 나올지도 모르겠다. 너무 뻔한 대답이라 좀 심심한 감도 있지만, 나에게는 절박하게 다가왔다. 나는 살아오면서 거의 화를 내지 않는 편이고, 애당초에 '화가 나지만 화를 참는다'는 느낌보다는 그냥 원래 화가 별로 안 나는 성격이라고 스스로를 생각했다. 그런데 육아를 시작하면서는, 하루에도 몇 번씩 화가 치밀어 오른다. '아기는 아기일 뿐이다. 그냥 아기가 하는 일은 울고 떼쓰고, 내가 공들여 세팅해 놓은 아름다운 것들을 부수는 일이다.'라고 애써 내 감정을 누르려 하지만, 차오르는 분노는 계속된다. 나는 나를 진정시키기 위해 노력하기 시작했다.

"유리컵을 왜 굳이 잡아당겨서 깨니?"
"다치지 않았지? 다치지만 않으면 컵이야 깨진 거 치우면 그만이지, 뭐."

"밖에 나가자면서 계속 옷을 안 입고 떼쓰면 우리가 어떻게 밖에 나가니? 기저귀만 입고 나갈 순 없잖니!"
"아, 그래. 열이 많은 아기인가 보구나…."

"이제 그만 좀 울어라. 왜 이렇게 우는데, 도대체."
"울어 봐야 뭐 두 시간 넘게 울겠니? 어쨌든 아빠가 공주 곁에 있을게."

"너만 옷 입으면 다냐? 아빠도 옷을 입어야 하지 않겠니? 아빠 알몸으로 나갈 순 없잖니?"
"아빠가 알몸으로 나가든 뭘 하든 너야 상관이 없겠지. 그래, 부끄러운 건 아빠 몫이겠지."

"아빠가 한 시간 공들여 만든 음식을 한 번 씹어 보지도 않냐?!"
"그래, 아빠가 똥손이라 미안하다. 이건 내가 미안할 일이지."

하지만 감정은 항상 이성을 이기곤 했다. 그렇다고 자신의 고충을 말로 표현하지도 못해서 그저 얼굴 벌겋게 하고 서럽게 악다구니만 쓰고 있는 아기에게 버럭버럭 화를 낼 수도 없는 노릇이었다. 어차피 화를 낸다고 교육적인 효과가 있을 것도 아니고, 장기적으로 아기에게 그 상황들을 더 부정적으로 인식하게 만들어 이후에 나만 더 힘들어질 거 같았다. 그러다 보니 나의 분노는 갈 곳을 잃는다. 분명 화가 나긴 나는데 나를 화나게 한 대상은 없어진 모양새였다.

심지어 나는 이 문제로 가족들과 상담을 하기도 했었다.
"내가 공주를 얼마나 사랑하는지 알잖아? 그런데 내가 봤을 때는 울 거리가 전혀 없다고 생각하는 상황에서 갑자기 공주가 막 악다구니를 쓰면서 계속 울고 보채면 정말 화가 난다고. 도망가고 싶을 정도로. 이게 화인지 슬픔인지 두려움인지 뭔지도 정확히 모르겠어. 아무튼 뭔가가 막 울컥울컥 솟아올라."

나를 적극 지지해 주고 이해해 주려 노력하는 가족들도 뭐라 대꾸해야 할지를 몰라 그저 끄덕이며 "육아가 원래 힘들지." 하며 잘 들어줄 뿐이었다.

나의 경우에 해결책은 없었다. 그저 인내할밖에.
그냥 그렇게 투닥투닥거리는 일상과 시간들이 흘러 지금에 이르렀다. 그리고 아기 머리에서 나는 아기 특유의 냄새처럼 고소함과 달콤함만 가득한 추억들이 아니라 울고불고 악다구니 쓰며 벌게진 아기의 얼굴, 달래며 진땀 빼는 내 모습, 옷 안 입는다고 생떼 부리는 걸 보고 화를 삭이던 모습들 그 모든 순간들이 어우러져 아기와 전우애 같은 감정을 형성하기에 이르렀다. 아빠들이 양육을 돕는 사람으로서가 아니라, 주 양육자로서 짧게라도 아기와 지내봤으면 좋겠다. 내가 아기와 주 양육자로 함께하면서 얻게 된

이 진득진득하고 질척이게 뭉쳐진 끈끈한 감정이 너무 소중하기 때문이다.

하지만 앞선 대답처럼 꽤 많은 '인내심'은 필요할지도 모른다.

 초보 아빠의 한마디

홀로 육아를 두려워하시는 이유가 '아기 식사' 때문이라면, 부담을 좀 더셔도 좋을 듯해요! 아기들의 요리는 손이 많이 갈 뿐 오히려 성인 요리보다 더 쉽기도 합니다. 좋은 재료를 잘 손질만 하면 되니까요. 다만, 아기가 안 먹을 수는 있겠지요….

아주 작은
일들의 힘

어느 날 집안일을 하고 있다가, 삶을 윤택하게 하기 위한 일들 하나하나는 생각보다 굉장히 별거 아니라는 생각이 들었다. 반드시 그렇게 해야 하는 건 아닌데, 그렇게 하면 분명히 더 좋아지는 그런 것들에 관한 이야기이다. 아주 간단한 예로, 화장실에서 대소변을 볼 때 변기 뚜껑을 덮고 물을 내린 다음, 물이 다 내려가고 나면 뚜껑을 올려놓는 일이다. 이건 이 모든 과정을 다 해도 30초 정도밖에 걸리지 않는다. 그런데 이런 일들은 그 하나하나를 다 모아 놓으면 정말 엄청나게 커다란 일 뭉치가 되고, 한 번 하면 되는 게 아니라 매일 하면 좋은 것들이라 매일 한다고 생각하면 또 상당히 큰일처럼 느껴진다. 육아휴직을 하고 집안일을 하다 보니 그런 일들 투성이였다.

육아휴직 직전에 오래된 집이 싫다며 우울해하는 아내를 위해 샤워할 때 화장실 청소하는 습관을 만들었다. 물티슈 한 뭉치를 화장실 선반에 가져다 두었다. 머리에 샴푸 칠을 하고 몸을 바디샴푸로 씻은 후 물을 뿌려 샴푸를 다 씻어내기 전에 선반에서 물티슈 한 장을 꺼낸다. 거기에 샴푸를 두세 번 짜서 묻히고 화장실 거울을 닦는다. 세면대 상단도 대충 닦는다. 변기 뚜껑 안쪽과 변기도 대충 닦는다. 변기를 닦을 때쯤 되면 이 물티슈가 너덜너덜해져서 더욱 작아진다. 어느새 작아진 물티슈는 가끔 내 손가락에게 자신의 자리를 내어주기도 한다. 물티슈 한 장을 더 사용하는 돈이 아까운 게 아니라, 나는 샤워를 매일 할 거고 그때마다 매일 청소를 할 건데, 자원을 낭비하고 싶지 않다. 아기가 더 나은 지구 환경에서 살게 하고 싶기 때문이다. 아무튼 그렇게 너덜너덜해진, 물티슈였던 것을 대충 세면대 위에 놓고 물을 뿌려 거울과 변기를 씻어낸 후 내 몸의 샴푸들을 씻어낸다. 수건으로 몸을 닦는다. 사용한 수건은 화장실 문 앞에 휙 던져 놓고 화장실 앞에 놓인 선반에서 새 수건을 꺼내어 수건걸이에 깔끔하게 걸어 놓는다. 물티슈였던 것과 화장실 문 앞에 쌓여 있는 빨랫감을 챙겨서 각각 쓰레기통과 세탁기에 집어넣는다.

글로 쓰니 이 과정이 엄청난 역경을 이겨낸 결과물로 느껴진다. 그런데 대충 핸드폰으로 재 보니, 샤워를 제외한 이 모든 청소와 정리의 과정이 1분 정도밖에 걸리지 않는 일이었다. 물론 나는 섬세하게 변기 구석구석, 세면대 구석구석을 청소하진 않는다. 그런 대청소는 주말 즈음에 날을 잡고 하는 편이고, 이렇게만 청소를 해 줘도 화장실에서는 냄새도 나지 않고 거

울은 늘 얼룩 없이 깔끔하게 가족을 비춰 주었다. 집안일은 대체로 이런 일들과의 협상 과정이었다. 꼭 해야 할 것은 아니니, 할 것인가, 하지 않을 것인가?

설거지에서도 마찬가지였다. 설거지가 끝나고 건조도 어느 정도 된 그릇들은 건조대 위에 그냥 두어도 큰 문제는 없다. 다만 외관상 그릇들이 잔뜩 쌓여 있으니 보기에 썩 좋지 않을 뿐이다. 그 그릇들을 원래 자리에 집어넣는 것은 생각보다 30초 정도면 가능하다. 저녁에 주방을 마감하면서 싱크대 주변, 수전 등을 다 닦고 물기를 제거하는 데 걸리는 시간도 30초 정도면 가능하다. 집을 깔끔하고 정돈된 느낌이 나도록 한 걸음 더 나아가는 일들은 대체로 각각 놓고 보면 30초면 가능한 일들이다. 이런 일들을 의식하고 하면 할 일도 많게 느껴지고 노동처럼 느껴지다 보니 가능한 한 그냥 뭔가를 할 때 습관처럼 할 수 있도록 다른 습관에 붙이는 과정을 하고 있었다. 그렇게 나름의 집 정리 습관이 어느 정도 만들어졌다. 그런데 그러고 나서 보니, 정작 중요한 가족들을 대하는 데는 별다른 습관이 없다는 것을 깨달았다. 그래서 하나씩 가족을 더 행복하게 만들 수 있는, 어렵지 않은 소소한 일들을 찾아보았다. 아침에 아기가 일어나면 아무리 피곤해도 "공주 잘 잤어? 오늘도 엄마 아빠랑 행복한 하루 보내자" 하고 웃어 주기, 아내가 출근할 때, 아기 안고 엄마한테 손 흔들며 인사시키기(30초), 아내가 주차된 차를 빼려다가 이중주차된 차를 밀지 못하거나 좁은 공간이라 빼지 못해 연락할까 봐 핸드폰 메시지 확인하기(1분), 잘 도착했다고 문자 보낸 아내에게 사랑한다고 오늘도 행복한 하루 보내라고 보내기(30초), 아기 얼굴을 양손으로 잡고 "공주야 오늘 공주가 행복해 보여서 공주 덕분에 아빠도 너무 행복해. 공주가 있어 줘서 정말 고마워."라고 말해주기, 열심히 요리한 음식 아기가 입에 물자마자 "퉤" 뱉는 모습 보고 소리 지르려다 숫자 세며 참기(10초), 아기가 잠들 때 오늘 하루도 아기 덕분에 행복했다고 푹 잘 자라고 말해주고 뽀뽀해 주기(30초), 아내가 먼저 자겠다고 말할 때, 하던 일 멈추고 아내를 꼭 안아주고 잘 자라고 사랑한다고 말해주기, 자기 전에 대문에 붙여 놓은 자석 화이트보드에 우리 가족에게 감사했던 일 쓰기(50초)

크고 작은 더 많은 소소한 일들이 있을 것이다. 당장 생각나는 사소한 일들을 글로 쓰면 또 이렇게나 엄청난 일들처럼 보인다. 습관이 되지 않다 보니 엄청난 일들처럼 보이지만 습관만 되면 그냥 매일매일 힘들이지 않고 할 수 있는 일이다. 이 모든 행동들을 하는 데 필요한 시간은 다 합쳐도 5분도 되지 않기 때문이다. 하루 24시간, 1440분 중에 매일 5분씩만 투자하면 가족을 미소 짓게 하고 행복하게 할 수 있다.

초등학생도 절레절레하는 아빠의 육아

슬슬 멀지 않은 곳에 교차로가 보인다. 자연스럽게 심호흡을 하게 된다. '후, 곧이다…. 이제 곧….' 순간 지나가는 오토바이 소리가 크게 들리고 주변 사람들이 슬로우 모션에 걸린 것처럼 느리게 움직인다. 잠시 후 누가 먼저랄 것도 없이 아기와 아빠는 동시에 다른 방향을 가리킨다.

"쁘쁘쁘!"

"노노노노 이번엔 이쪽!"

"쁘쁘!"

"노노!" 갈등은 점차 부풀어 오르지만, 누구 하나 양보할 생각이 없다. 팽팽한 신경전. 결국 아기는 비장의 무기를 꺼낸다.

"으흑! 으흑! 으흑!" 하며 점차 감정을 가열하기 시작한다. 기세등등하게 맞서던 나는 금세 꼬리를 내린다.

"오케이 거기까지! 갑시다. 저 방향으로!"

나는 2시간째 5분 거리의 집에 들어가지 못하고 있다. 집이 너무 그립다.

블로그나 육아 정보들을 보면, 20개월 즈음에 아기들은 밖에 나가는 것을 너무 사랑한다고들 했다. 한 번 밖에 데려다 놓은 아기는 좀처럼 집으로 갈 생각을 하지 않는다고 한다. 이에, 다양한 지식과 지혜로 가득 찬 부모들은 외출 총 시간을 계산해서 놀이터 세 곳 정도에 적절하게 시간을 할당한 다음, 매 할당 시간이 다 되어 갈 때마다 놀이터에게 인사를 시키고 다음 놀이터로 이동한다고 했다. 점점 그렇게 집 방향으로 가까워지다가 결국 집으로 간다고. 그런 글을 보며 나는 강 건너 불구경하듯, "어머어머 아기들이 왜 그렇게 밖을 좋아할까?" 하며 그냥 슥 읽고 지나갔다. 왜냐면 우리 집 아기는 굉장히 내성적이고 운동하는 걸 즐기지 않아서 밖에 나가는 것을 크게 좋아하지 않았기 때문이다. 그래도 다양한 체험을 해 주고 싶었던 나는 아기에게 "공주야 아빠랑 밖에 나가서 놀이터도 가고 산책할까?" 하고 물어보면 아기는 항상 고개를 절레절레 젓곤 했다. 그래도 바깥 활동이 필요할 거 같아 간신히 설득해서 데리고 나가곤 했다. 그런데 아기가 걷는 것에 더욱 익숙해지고 슬슬 뛰는 것도 가능해질 때쯤 모든 것이 달라지기 시작했다.

바깥에 아기를 데려다 놓으면 아기는 박수를 치면서 이상한 방식으로 달려가기 시작했다. 아직 두 돌이 되지 않은 아기는 사람들이 흔히 생각하는 달리기 폼과는 상당히 달랐으나 어쨌든 속도에서만큼은 걷는 것과 매우 큰 차이가 있었다. 그렇게 정처 없이 달리는 아기를 속절없이 따라다니곤 했다. 나는 아기가 선택하게 해 주고 싶어서, 초반에는 그냥 아기가 가고 싶은 대로 어지간하면 다 따라갔다. 심각하게 위험한 장소가 아니라면 굳이 방향을 틀지는 않았다. 아기 덕분에 나도 산책을 하면서 다양한 꽃들의 이름도 알고 지나가는 할머니 할아버지, 아주머니, 아저씨들과도 참 많은 얘기도 했다. 아기 하나 키우는 데 온 마을 사람들의 공이 필요하다더니, 각박한 세상 속에서도 정말 많은 어른들이 아기에게 웃어 주거나 말을 걸어 주었다. 물론 그렇게 말을 건 분들은 나는 아예 쳐다도 보지 않고 아기에게만 눈을 고정한 채로 나와 대화를 했다. 생각해 보면 그것도 참 묘한 광경이었다. 아무튼, 모든 게 다 좋았으나 시간이 지날수록 나는 초조해졌다. 내가 바깥에 너무 오래 있는 게 힘들어서인 이유도 있었지만, 아기는 자신의 체력적 한계를 고려하지 않았기 때문이다.

몇 시간도 바깥에서 놀 수 있던 아기는, 신나게 놀다가 집에 오면 너무 피곤한 나머지 밤에 비명을 꽥꽥 지르며 수시로 잠에서 깨든지 오히려 쉽사리 잠이 들지 못했다. 거기에 바람이 조금이라도 불던 날이면 감기에도 자주 걸렸다. 그 모든 게 걱정이 되던 나는 슬슬 아기를 집 방향으로 몰아가려 했다. 그러나 아기는 나침반이 어딘가에 달려 있는지, 어떤 구석진 골목에서도 가능한 한 집과 반대되는 방향으로 뚝심 있게 걸어 나가곤 했다. 시간이 갈수록 집 쪽으로 점점 다가가기는커녕, 역 한 정거장 차이가 나는 거리를 아기와 행군하기도 했다. 아기가 조금 피곤해 보이자, 나는 슬슬 아기를 안고 집 방향으로 조금이라도 더 가보려 했다. 양팔을 들고 아기 겨드랑이 쪽으로 손을 넣으려고 다가가자 아기는 바로 눈썹을 치켜세우며 "에에엑!" 소리를 내며 어디 감히 손을 넣느냐는 듯 내 손을 '탁' 쳐 버렸. 더는 어쩔 수 없을 때는 아기에게 말로 한참 설명을 하다가

"공주님, 저희가 나온 지 1시간 40분이 되었는데, 이제 낮잠을 주무셔야 할 시간이 훨씬 지났습니다. 이때 주무시지 못하면….."

아무리 설득을 해도 아기는 내 말을 한쪽 귀로 듣긴 하되, 한쪽 귀로 졸졸 흘리고 있었다. 결국, 아기를 낚아채서 둘러메고 집 방향으로 열심히 달리기 시작했다. 아기는 원통한 나머지 내 머리통을 때리고 팔을 꼬집었다. "미안하다, 공주야, 하지만 사랑한다. 에휴, 에휴." 하며 열심히 달려가고 있는데 지나가던 초등학생 둘이서 "에휴, 에휴." 하며 나를 바라보고 있었다.

우연히 내가 그러고 있는 모습을 아내가 멀찍이서 본 적이 있었는데 영락없는 아이 유괴 현장이었다고 했다. 혹시 한 남자가 땀을 뻘뻘 흘리며 아기에게 머리통을 얻어맞으며 달리고 있으면 정황상 의심스럽겠지만, 집에 가고 싶은 아빠의 처절한 몸부림일지도 모릅니다.

'육아=고통?'
언제 내 안에 들어왔니?

내가 "육아는 힘들고 고통스럽긴 하지."라고 말하면서도 꽤 나름의 유쾌함을 유지하고 있는 데는 이유가 있다. 우리 부부는 다른 사람들도 그러한 것처럼 '육아는 고통이고 나의 생활 전반이 제한되고 스트레스를 엄청나게 받는 일이다.'라고 생각했다. 크게 틀린 말도 아니었다. 그러던 어느 날, 아기를 더 낳고 싶다는 생각을 하는 나를 발견했다. 그것도 한 명이 아니라 11명 정도 낳아서 축구 선수 팀을 만들고 싶다는 생각이 들었다. 그러면서 상상의 나래를 펼쳐 보았다. 어디 이동할 때는 내가 맨 앞에 서고 아기들이 뒤에 2열로 손잡고 따라오고 맨 뒤에서 아내가 막내 손을 잡고 이동하면 되려나? 그사이에 좀 큰 애들이 동생들을 돌봐주면 되겠구나.

아기 밥 먹이다가 이런 상상도 했다. 아기 밥이다 보니 좀 싱겁긴 하지만 정말 맛있게 삶은 돼지고기 수육으로 만든 볶음밥을 아기에게 주었다. 아기는 아주 건방진 자세로 앉아서 손가락을 까딱까딱하며 수육만 골라 먹고 있었다. "너 이거 아빠가 공주 거부감 없이 먹으라고 야채들 잘게 칼질 하느라 여기 손가락 끝에 베인 거 보여? 이걸 안 먹는다고? 수육만 쏙쏙 골라 먹고? 거기에 앉은 것도 아니고 누운 것도 아닌 이 자세는 뭐야?" 그러거나 말거나 사춘기 청소년 같은 표정을 하는 아기를 보며 밥 경쟁을 붙이고 싶다는 상상을 했다. 아기가 여러 명이면 지금 하는 것처럼 들통에 요리를 잔뜩 해도 금방 다 팔려나가겠지. 아기들은 일렬로 줄을 서서 급식 판을 들고 나한테 배식을 받을 거고. 아기가 배식받고 자리에 가서 밥을 먹기 시작하는데 옆에 있는 동생들이 허겁지겁 밥을 다 먹어치우기 시작하면 저 건방진 자세로 '어디 더 맛있는 음식이 있으면 가져와 보슈.' 하고 있던 아기 녀석이 그제야 뭔가 잘못되었음을 깨닫기 시작한다. 아기가 적극적으로 식판에 달려들어 옆에 있는 동생들 눈치를 보며 허겁지겁 밥을 먹어치우는 것이다. 상상만 해도 짜릿하게 좋았다.

"공주야 지금까지는 네가 갑질을 했지만, 이제는 아빠가 갑이 되는 거다. 하하하!"

물론 상상일 뿐, 우리 부부는 이제 나이가 꽤 있어서 다둥이를 만날 계획은 없다. 이런 상상을 하다 보니 문득, '아니 이렇게 더 여러 명의 아기를 낳고 싶어 하면서 육아는 고통이라니 그게 뭐지?' 싶었다. 이건 마치 영화나 드라마에서 음식들을 와구와구 허겁지겁 몇 그릇씩 게걸스럽게 먹어치우고 있으면서 "에이, 맛 드릅게 없네, 우걱우걱." 하는 느낌이었다.

그렇게 '육아는 고통이고 스트레스야.'라고 생각한 내 생각의 근원을 하나씩 찾아보기 시작했다. 그랬더니 아기를 만나기 전, 육아를 먼저 시작한 사람들이 했던 수많은 경고가 떠올랐다. 물론 쉬운 일이 아니니 충분히 준비하라는 의도였을 것이다.

"어휴, 이제 시작이지. 잠도 못 자고 진짜 엄청나게 힘들걸?"

"편해질 때가 어딨어? 그냥 매일매일 새로운 챌린지라고 보면 되지."

사람들이 간혹 가다가 나에게 안부를 물을 때도 물론 나를 걱정해서 해주는 말이지만 "어휴, 힘들어서 어떡하냐"로 보통 시작한다. "요새 진짜 행복하겠다?" 하고 묻는 사람은 없었다. 인터넷에서 육아 관련 글을 조금만 찾아봐도 온통 '고통과 스트레스, 우울'에만 집중되어 있었다.

앨릭스 코브의 『우울할 땐 뇌 과학』이라는 책에선 이렇게 말한다. 뇌는 처리할 수 있는 양에 한계가 있으므로 우리기 좋은 감정과 생각들을 채워 넣으면 부정적인 감정이 들어찰 자리가 없어진다고 한다. 그리고 통증은 내부 감각으로, 그곳에 초점을 맞추면 더욱 심각해진다고 설명한다. 나도 모르게 시작된 육아에 대한 부정적인 생각들이 저 사랑스러운 아기의 표정, 성장하고자 애쓰는 생명체의 경이로움을 모두 한 편에 밀어두게 했던 것 같다.

물론 육아가 육체적으로 정신적으로 피곤한 건 분명한 사실이고, 육아로 인해 내 생활들이 많이 제한되는 것도 다 사실이다. 하지만 자꾸 고통과 스트레스에만 집중하다 보니 그냥 육아하는 모든 상황이 흑백 필터를 낀 것처럼 견뎌야 하는 시간이 되었다. 아기는 크게 다치지 않으면 다행이고 이 흘러가지 않는 시간, 이 피곤한 시간을 어떻게 버틸지가 가장 큰 문제가 되었다. 내가 의식하지 못하는 사이에 혼자 조용히 굴러들어 왔던 생각이 내 안 깊은 곳에 뿌리를 틀고 앉아 부정적인 방향으로 자꾸 나를 끌어내렸다. 그러는 와중에 아기는 벌써 거의 두 돌이 되었고 말이다. '이러다가는 아기의 예쁜 시기들 다 지나가고 나중에 이 시기를 만끽하지 못했던 것을 후회만 하겠구나.' 하는 생각이 들었다. 이렇게 관점을 바꾸고 나니 갑자기 흑백 필터가 걷히며 아기의 손짓, 발짓 하나하나에 더 집중하고자 노력하게 되었다. 아이가 짜증스럽게 울 때도 저 우는 모습조차 눈에 담아두려 노력하게 되었다. 그랬더니

"잉? 벌써 아기 잘 시간이야?"

"공주야 너 벌써 잘 시간이 다 되었대. 어떡하냐, 우리." 이런 말이 나오기 시작했다.

육아의 많은 상황은 부모를 부정성의 늪에 빠지게 하기 쉽다. 힘들다 보니 자꾸 더 큰 고통을 겪고 있는 육아 이야기들을 보고 공감도 하고 위로도 받을 수 있다. 나도 아기가 18개월일 때 온갖 육아 커뮤니티에서 그 부모의 고통을 가늠하기조차 힘들 정도로 엄청난 아기들의 사연을 보며 공감도 하

고 위로를 받기도 했다. 하지만 나도 모르게 '육아=고통'이라는 생각이 조용히 자리 잡는 건 위험해 보인다. 의식적으로 '육아는 고통'이라는 생각을 밀어내기만 해도 내 안의 긍정성과 감춰져 있던 에너지가 조금은 고개를 내미는 게 느껴질 것이다.

강제로 성장을 당하는 육아

육아가 쉽지 않은 데는 수백 가지 이유도 댈 수 있다. 그런데 그중에 힘든 점을 하나 꼽으라면, 각종 행사가 끝나고 나도 좀처럼 쉴 수 없다는 점이다. 예를 들면, 아기가 없을 때는 명절에 양가에 다녀오고 나면 우리 부부는 서로 눈치 볼 것 없이 기절했다. 양가에서 우리를 편하게 쉬게 해 주시고 가족들과 웃으며 행복한 시간을 보냈지만, 그것과는 별개로 행사가 끝나면 쉬고 싶은 마음뿐이었다. 우리 부부는 '싸 들고 갔던 짐은 다 정리하고 쉰다.' 이 원칙 하나만 가지고 있었다.

그래서 이 악물고 빨래 돌릴 거 돌리고 짐만 다 풀어 정리해 놓고 나면 각자 알아서 휴식을 취했다. 그런데 아기가 생기니 끝이 나질 않았다. 아기는 집에 오는 길, 차에서 30분 정도 아주 깊은 잠을 자는 듯 보였다. 그러더니 집에 도착해서는, '짜잔! 나 완전히 다 회복했어요~!' 하는 밝은 표정과 몸짓으로 집을 뛰어다니기 시작했다. 짐을 다 정리하고 우리 부부는 엉금엉금 기어 다니면서 아기를 쫓아다녔다. "공주야, 힘들지 않아? 우리 한 시간만 딱 잘까?" 거의 구걸하듯 아기에게 물으면 아기는 '도대체 무슨 소리를 하는 거냐?' 하는 표정으로 우리를 휙 보고는 다시 열심히 뛰어다녔다. 그렇게 아기를 따라다니다 보면 어느새 또 아기 밥을 준비해야 하는 시간이 다 되어 갔다. 가족 행사뿐 아니라 여행을 가도 그렇고 모든 행사에 이건 공통으로 적용이 되었다.

나는 짧게라도 일기를 매일 쓰는 습관을 지니고 있다. 어느 날은 마음이 심란해서 작년 재작년 일기를 죽 읽어 보았다. 읽으면서 나는 코웃음을 치게 되었다. '그냥 장인장모님 모시고 하루 여행 다녀온 게 끝인데 뭐가 너무 피곤하고 힘든데 행복한 시간이야. 저러고 그냥 쉬었는데 세상에나.' 과거에 내가 힘들다고 생각했던 것들은 지금에 비하면 그리 힘든 일이 아니게 되었다. 아기를 만나기 전에도 나는 아내를 위해서 꽤 많은 가정 일을 하고 있고, 그래서 몸이 너무 피곤하다고 생각했다. 그런데 지금에 와서 보면 '그것만' 한다면 별로 힘든 일도 아니었다. 지금은 그 모든 걸 하고 나서도 눈이 말똥말똥해서는 놀아달라며 나를 바라보고 있는 아기가 있기 때문이다. 그럼 그때부터 모든 건 새롭게 시작되었다.

육아와 러닝은 나에게 비슷한 깨달음을 주었다. 러닝을 하다 보면 10분만 좀 넘게 뛰어도 슬슬 그만 뛰고 싶은 마음이 든다. 그러다가 20분~30분 정도 달리면 슬슬 '이렇게 뛰다가는 쓰러질지도 몰라' 하는 생각이 서서히 들기 시작한다. 좀 무리를 하는 어떤 때에는 '이러다가 정말 죽는 건 아니겠지?' 싶은데, 그냥 꾹 참고 달리면 그냥 달려졌다. 러닝을 하면서 '내가 한계라고 생각한 게 한계가 아닐 수 있다'라고 생각하게 되었다. 그런데 육아도 마찬가지였다. 육아는 내가 생각한 내 한계점에서 늘 더 나아가야 했는데, 그럼 그런대로 또 하게 되었다. 지금의 나의 일과는 작년 재작년과 비교하면 훨씬 촘촘하고 빽빽해졌다. 작년의 나였다면 상상하기 힘든 일과이다. 그냥 앞에 닥친 일을 피할 수 없으니 이 악물고 했을 뿐인데, 지금 와서 돌아보니 그 덕분에 내가 꽤 성장한 게 느껴졌다. 이래서 육아하면 아이와 부모가 같이 성장한다고 하나 보다. 나는 그 의미가 부모의 관점에서 살아보니 생각의 폭이 넓어진다는 정도의 의미라고 생각했다. 그런데 나의 인내심이든 체력이든 나의 한계점을 계속 깨다 보니 육아하는 시간은 말 그대로 성장하는 과정이었다.

이 관점을 가지다 보니 요새는 아이 손 잡고 가는 엄마 아빠들이 다르게 보인다. 내가 육아를 하기 전에는 그냥 지나가는 아줌마, 아저씨 정도로 보였다. 이제는 자신의 한계치를 어느 정도는 넘어서 본 사람으로 보이면서 그분들을 존중하게 되었다. 물론 육아를 어떻게 하느냐에 따라서 피로도와 난이도의 스펙트럼은 굉장히 넓게 걸쳐 있을 것이다. 하지만 육아를 하면 필연적으로 자신의 인내심과 신체적 한계를 넘어설 수밖에 없다. 그리고 그 성장으로 인해 다른 일들이 상대적으로 별로 어렵지 않아 보이는 효과까지 나타났다. 어쩌면 유부남들이 "니들은 하지 마! 아, 무조건 일단 결혼하지 마!"라고 말하면서도 일면 흐뭇한 미소를 짓기도 하는 게 이런 이유 때문일지도 모른다는 생각도 든다. 결혼, 육아하지 않았다면 겪지 않아도 됐을 힘든 기억들이 떠올라서 "하지 마! 결혼하지 마!"라고 말했다가 어쩌면 변해 있는 지금 자신의 모습이 그리 나쁘지 않을지 모른다고 생각돼 작게 미소 지었을지도 모른다.

아직 나는 아기가 두 돌밖에 되지 않았기 때문에 육아가 이제 시작임을 알고 있다. 육아 선배들은 나의 이런 얘기를 듣는다면, '어이구 이제 시작인데 뭘 성장이고 나쁘지 않고 해. 앞으로가 진짜 시작인데. 미운 네 살을 견디고 나면 미운 다섯 살, 사춘기, 입시, 취업, 결혼…' 하고 말할 것 같다. 그래서 요새도 열심히 기록하고 있다. 내년에 내가 지금의 나를 보면서 '어이구 저것 좀 했다고 뭘 빽빽하게 살았다고 하고 인내심을 키웠네 하고 있어.' 하며 코웃음 치는, 더 성장한 내가 되었으면 좋겠다.

오늘도 지나가다가 유아차에 아기를 태우고 한없이 지친 표정으로 걸어가고 있는 아기 엄마를 보았다. 그 공허한 눈빛을 보며, 꼭 말해주고 싶었다. 우리는 성장하느라 이렇게 지쳐 있는 걸지도 몰라요. 아기에게 생기를 뺏기며 하루하루 의미 없이 늙어가는 게 아니라, 내년에 우리는 분명 오늘의 우리보다 더 멋진 사람이 되어 있을 겁니다. 우리 같이 힘내요!

입 까다로운 아기도 먹게 하는 아빠의 주먹구구식 요리법 3편

감자채전

주의사항

감자전을 굉장히 좋아하는데요, 진짜 감자전은 만들 때마다 만들기가 쉽지 않더라고요. 열심히 감자를 손질해도 나오는 양도 워낙 적어서요. 그래서 저는 보통 감자채를 썰어서 감자채전을 합니다. 식감은 감자전처럼 쫄깃한 식감은 나오지 않지만, 바삭바삭한 식감이고 쉽게 할 수 있으며 영양적으로도 괜찮아요.

준비물

1. 감자 중간 크기 세 개
2. 당근 반 개
3. 소금 한 꼬집
4. 밀가루(부침가루 또는 튀김가루) 두 숟가락
5. 버터 두 큰술, 식용유 조금
6. 일회용 장갑

진행 과정

1. 감자의 껍질을 벗긴 후 길고 얇게 채 썰어줍니다. 그리고 그릇에 물을 담아 채 썬 감자를 담가 둡니다. (10분 정도)
2. 그동안 당근 반 개도 길고 얇게 채 썰어줍니다.
3. 물에 담가 두었던 감자를 꺼내 물을 가볍게 탁탁 털어 큰 그릇에 넣고 잘라둔 당근도 넣습니다. 거기에 밀가루(부침가루 또는 튀김가루)를 두 숟가락 정도, 소금을 손끝으로 한 '꼬집' 해서 넣어주시고 1회용 장갑을 끼고 비벼줍니다.

    *보통 튀김 반죽을 할 때는 물을 넣는데, 감자채에 수분이 조금 묻어 있으니 따로 추가 안 하셔도 괜찮아요.

    *일반적인 전을 부칠 때와 다르게 걸쭉한 튀김 반죽을 만들지 않으셔도 괜찮아요.

    *비빌 때 손에 너무 강하게 힘을 주시면 감자채가 다 부러지니, 가볍게 오물쪼물 비벼주세요.

4. 가열된 프라이팬에 버터를 넣고 식용유도 조금 넣어줍니다. 중간 불에서 방금 만든 반죽을 넣어 감자채전을 구워줍니다.

    *감자전 반죽을 가능한 얇게 펴서 놔주시는 게 좋아요. 아까 끼고 있던 일회용 장갑으로 반죽을 프라이팬에 넓고 얇게 깔아주세요.

    *'아래가 살짝 타고 있는 거 아닌가?!' 할 정도로 중간 불에서 오래 구워

주시는 게 좋아요.

*바싹 익히지 않고 뒤집으시면 감자채들이 다 떨어져 나가요. 특히 아랫면이 바싹 익지 않았는데, 드라마에서 나오는 손목 스냅으로 전 위로 던져서 뒤집는 거 하시면 감자채들이 주방에서 산산이 흩어지고 아내가 등짝 때리러 달려옵니다.

요약 포인트

채 썬 감자를 물에 담가서 전분기를 제거해야 바삭하게 구워져요.

구울 때 가장 포인트는 아랫면이 바싹 익지 않았을 땐 섣불리 뒤집지 않는 겁니다. 바싹 익은 후에 뒤집어주셔요.

일반적인 전 만들 때처럼 많은 양의 튀김 반죽을 하지 않아도 잘 구워집니다.

4장

그렇게 '진짜' 아빠가 되어 갑니다

아빠의 사랑도
익어 가는 거구나

친구가 "아기를 처음 봤을 때 무슨 감정이 들었어?" 하고 물었다. 옆에서 듣고 있던 친구가 "엉엉 울면서 내가 니 아빠다 했겠지." 하고 끼어들었다. 나도 내가 아기를 처음 만나면 엉엉 울며 휘몰아치는 감정이 들 줄 알았다. 그런데 의외로 눈도 뜨지 못하는 핏덩이 아기를 품에 안았을 때는 그런 감정이 들지 않았다. 아내와 아기가 이 글을 보면 서운해할 수도 있겠으나 감정보다는 생각이 많이 앞섰다. 머릿속에서 '이렇게 내가 안고 있어도 되는 건가?', '이 애가 내 애라고?', '아, 나 진짜 아빠가 된 건가?', '돈 열심히 벌어야겠는데….' 뭐 이런 여러 잡념이 아주 빠르게 뇌리를 스쳐 지나갔다.

나는 아기가 태어나면 남자는 자연스럽게 '아빠'가 되는 줄 알았다. 아기가 태어남과 동시에 떠오른 우주 섭리의 한 파편이 머리에 쏙 들어오는 방식이라든지. 아니면 아기를 딱 안는 순간 뇌나 신체 부위 어디선가 호르몬이 마구 터져 나온다든가 하는 방식으로 아빠가 될 줄 알았다. 그래서 아기가 태어나면 바로 우리가 흔히 생각하는 그 '아빠'의 모습으로 변하는 건 줄 알았다. 살짝 무뚝뚝한 감은 있지만, 세상 누구보다 듬직한 아빠의 뒷모습, 그리고 아기를 위해서라면 자신의 신체가 부서지더라도 견뎌내고 어떠한 힘든 일도 이겨내는 아빠. 어떤 역경이 와도 집에 와서 소주 한 잔 마시고 잠든 아기 모습 보고 피식 웃으며 힘든 내색 한 번 하지 않는 아빠의 모습 말이다.

그런데 나는 내가 아빠라는 사실을 자주 잊어버린다. 토끼 인형을 아기에게 줬다 빼앗았다 장난치다가 아기한테 뺨 맞으면 삐쳐서 돌아누워 있곤 했다. 아기한테 한 번만 안아 달라고 엄청난 고음으로 "공주니이이임 제발 한 번만 안아줘어어어어요오오오옹" 하다가 아기가 시끄럽다고 손바닥으로 얼굴을 밀어 버리기도 했다. 아기 앞에서 아내랑 같이 음악에 맞춰 춤추고 있다든지, "공주야 아빠는 너무 힘들다. 이 더운 날씨에 너의 짜증을 받아주면서 아빠가 불 앞에서 요리까지 하고 있으니 아빠는 얼마나 위대하냐? 그치?" 하고 조금만 힘들어도 엄살, 과장에 아기에게 '아빠의 위대함'을 세뇌하고 있다든지 하는 게 나의 일상이었다. 도무지 내가 상상하던 아빠의 모습은 나에게서 찾을 수 없었다.

거기에 솔직하게 고백하자면, 지나고 나서 보니 나는 그동안 아기를 진정으로 사랑했던 게 아닌 거 같다는 느낌까지 든다. 아기는 너무너무 귀엽게 생겼지만, 심하게 울고 짜증 낼 때는 내 마음이 쉽게 감당이 되지 않았다. 그리고 사랑의 감정이 발가락 끝에서부터, 심장의 깊은 어딘가에서부터 찌릿찌릿하게 올라와서 아기를 사랑했다기보다는, '내가 이 아이의 아빠니까.'라는 생각이 더 앞섰던 것 같기도 하다. 진짜 사랑해서 모든 걸 다 끌어안았다기보다는, '이 아이의 아빠니까.'라는 생각으로 아기를 돌보면서 닥쳐오는 일들을 해나갔던 것이다.

그러던 게 아이가 두 돌이 되어 가니, 이제 뭐가 사랑인지 어렴풋이 알 거 같다. 연애할 때도 느껴보지 못한 엄청난 자극들이 온다. 전기에 맞은 것처럼 온몸이 짜릿짜릿하질 않나, 행복감으로 심장이 터질 것 같아서 "행복하다"라는 말을 입 밖에 내고서야 간신히 진정이 되기도 한다. 세상 모든 노래가 아기를 위한 세레나데 같아서 허각의 〈물론〉이라는 노래를 들으며 아기를 보다가 갑자기 오열하기도 했다. '가진 게 그리 많진 않아. 어쩌면 많이 부족할지 몰라. 가끔 나와 다투기도 하겠지만. 주위를 둘러보면 네게. 나보다 좋은 사람 많겠지만 널 사랑하는 맘 나 그것만큼은 자신 있는걸' 이 노래 가사를 쓰면서도 울컥울컥 마음이 올라오는 중이다. 이런 마음에 비하니 앞선 나의 마음들은 사랑이 아니었나 보다 하는 생각이 자꾸 든다.

물론 대머리 빡빡이 시절의 아기에 비해 지금의 아기는 외모가 더욱 예뻐지기도 했다. 아기가 애교도 부리기 시작하고 다양한 행동을 하기 시작하니 더욱 사랑스러워지기도 했을 것이다. 그런데 지금 와서 보면 아빠의 사랑에는 시간이 필요한 거 같다. 게임 속 캐릭터가 각종 작은 몬스터들을 수십, 수백 마리를 사냥하면서 레벨업을 하다가 일정 수치에 이르면 다른 직업으로 전직을 하는 것처럼 말이다. 아기 똥을 수백 번 닦아 주고, 아기에게 사랑한다고 수백 번 말해주고 작은 아기의 손을 수백 번 잡아주고, 아기의 맑은 눈에 비친 내 모습을 수천 번 만나면 그제야 '초보 아빠'로 성장하게 되는 거 같다.

 시작된 사랑의 마음은 어찌나 강렬하던지 대자로 팔과 다리를 뻗고, 세상 걱정 없어 보이는 모습으로 자는 아기를 보며 그럴 수야 없겠지만 아기에게 올 모든 고통과 시련을 내가 다 막아 주고 싶다는 생각이 든다. 아기가 언제든 든든한 아빠 품에서 쉬어갈 수 있게, 거대한 나무 같은 아빠가 될 수 있게, 나에게 지혜와 성실함을 주시라고 매일같이 기도한다. 세상에서 지금처럼 성실하게 살았던 시기는 없는 거 같다. 수능 때나 고시생 때가 생각나기도 한다. 이제 아기가 커나가면서 미운 세 살도 겪고, 사춘기가 와서 세상에서 할 수 있는 온갖 가시 돋친 미운 말들을 골라 하기도 하고, 세상에서 방황하며 혼란스러워하기도 할 것이다. 그 모든 시기도 함께 지내다 보면 아기와의 경험치가, 사랑이 또다시 첩첩이 쌓여서 나도 어느 날엔가는 '진짜 아빠'가 될 수 있을 거 같다. 아직도 '진짜 아빠'의 모습은 꽤 멀어 보인다. 어쨌든 '초보 아빠'의 눈에는 요새 아기가 너무 예뻐서 미쳐 버릴 거 같다. 정말 말 그대로 너무 사랑스러워서 미치겠다.

> **초보 아빠의 한마디**
>
> 앞선 이야기에서 말씀드린 것처럼 아기와 아빠는 접촉하는 것만으로 프로락틴이 분비되어 애착 관계가 형성된다고 해요. 함께하며 접촉 횟수는 계속 늘어날 테니 말 그대로 사랑이 익어가는 느낌이랄까요. 스트레스 엄청 받고, 체력도 떨어지는 날, 아기가 투정 부리기 시작하면 나도 모르게 아기가 미워 보이는 순간도 오더라고요. 그런 날은 그냥 아무 말 하지 않고 아기를 꼭 안아 보시는 건 어떨까요?

마침내,
꽃 피는 요리 실력?

"그게 정말 큰 차이가 날까요? 그 차이가 느껴지십니까?"

육아휴직을 하고 아기와 함께한 지도 어느새 1년이 넘었다. 이제는 직장인으로서의 나의 모습은 온데간데없이 사라지고 그저 나는 태어났을 때부터 이렇게 전업주부로 살았던 것이 아닌가 하는 착각 속에서 살고 있다. 그러다 보니 당연하게 따라오게 되는 것은 대화 주제가 바뀌게 된다는 점이었다. 전에는 승진하기 위한 전략적인 방법이라든지, 직장에서의 인간관계, 나는 관심 없지만 다른 직장 동료들은 관심이 많은 주식 얘기, 그리고 직장 생활을 하다 보니 어떤 옷 브랜드가 괜찮은지 등이 소소한 대화의 주제 거리였다. 그런데 지금은 아이가 당연히 가장 큰 대화 주제가 되었고, 그중에서도 나에게는 '요리'가 톱이슈로 등극하게 되었다.

어느 날 부모님 댁에 놀러 갔더니 엄마가 수육을 삶아 주셨다. 나도 아내도 아기도 너무 맛있어서 신나게 먹고 있었다. 나는 내가 삶던 수육과는 미묘하게 다른, 감칠맛 나는 향이 나기에 이게 무엇 때문일까 곰곰이 생각하며 먹고 있었다. 입으로는 오물오물 맛있게 먹으며 '아 이 재료는 뭘까… 뭔가 감칠맛이 나는데….' 하며 고기를 음미했다. 월계수 잎 향이 확 나고, 계피 향도 은은하게 나고, 살짝 짜면서 고소한 향은 된장 때문인 거 같고, 이 달콤하면서도 감칠맛 나는 맛은 뭐지… 익숙한 맛인데… 하고 생각하다가 나도 모르게 입으로 중얼중얼 말하기 시작했다. 그러다가

"엄마 이거 월계수랑 계피, 된장하고 뭐 넣은 거예요? 설마 양파인가? 양파가 이렇게 감칠맛이 좋나?" 하고 여쭤봤는데 웃으며 맛있게 먹던 가족들 사이에 순간 정적이 흘렀다. 그러더니 엄마가 "어 양파 썰어서 깔고 삶으면 이런 맛이 나지." 하고 잠시 후 알려주셨다. 아버지는

"야, 우리 훈남아빠가 요리사가 다 되었구나! 야, 하하하." 하고 웃으셨다.

이 사건을 시작으로 엄마와는 음식에 대해 다양한 대화를 하기 시작했다.

"엄마, 미역국 끓일 때, 소고기를 먼저 들기름에 볶고 미역국을 끓이는 것과 그냥 끓이는 것에 맛 차이가 크게 날까요?"

"육즙을 가두어 두려고 소고기를 먼저 볶고 하는 거 같은데, 어차피 나는 몇 시간 끓이는데 아무리 고기 겉면을 볶아도 육즙이 다 빠져나가지 않을까?" 하고 의문을 던지면 엄마는 주부 생활 50년의, 프로 주부의 경험들을 얘기해 주셨다. 전문 지식은 아니더라도 경험에서 우러나오는 다양한 정보가 많았다. 엄마와 요리법 자체에 관한 이야기들도 상당히 했지만, 음식 재료 브랜드에 관한 이야기도 상당히 많이 했다.

"엄마가 하는 것처럼 날김에 들기름 발라서 구워 먹는 게 건강에는 제일 좋지만, 엄마가 준 김 다 떨어지면 ㅇㅇㅇ 브랜드 김이 그나마 좀 덜 짜더라."라든지 튀김가루, 밀가루 성분에 관한 이야기도 빼놓지 않고 한참 이야기를 했다.

나는 굉장히 운이 좋은 편이라서, 엄마도 장모님도 모두 뛰어난 요리 솜씨를 가지고 계신다. 덕분에 나는 결혼을 하고 난 후에는 두 요리 장인의 음식 솜씨를 모두 즐길 수 있는 행운아가 되었다. 시기에 따라 적절한 계절 음식들이 있기 때문에 양가를 방문하면 그 시기에 맞는, 같은 음식들이 식탁 위에 올라오는 경우가 많았다. 같은 음식이지만 다른 느낌으로, 두 요리 방식 다 정말 맛있었다. 엄마는 정량화된 요리보다는 주재료만 딱 준비하고 집에 있는 재료를 있는 대로 넣어서 요리하는 스타일이다. 반면에 장모님은 어떤 음식을 할지 생각을 하시면 거기에 필요한 부재료들까지 다 갖추신 다음에 아주 작은 부분까지 하나하나 빌드업 해나가시는 섬세한 요리 스타일을 가지고 계셨다. 나도 아기를 만나기 전까지 자주 요리를 해 보거나 직접 요리를 접한 일은 별로 없었지만, 눈대중으로 엄마의 요리 스타일을 보고 자라서인지, 정량화되고 섬세한 요리 방식과는 거리가 있었다. 요리하면서 숟가락으로 몇 스푼인지 재어 본다든지, 시계를 보며 몇 분 동안만 끓인다든지 하는 일은 없었다. 같은 요리를 해도 집에 있는 재료에 따라 맛은 항상 조금씩 달라졌다.

그러다 장모님이 요리하시는 모습을 보며, 나도 요리에 디테일을 추가하기도 했다. 전을 굽다가 빨간색 고추를 작게 썰어서 올리면 그 과정이 크게 수고롭지 않은 것에 비해 시각적으로도 확 느낌이 살고, 씹을 때 식감도 확 살아나는 느낌이었다. 전의 느끼함을 아삭하고 매콤한 고추가 잡아주는 느낌이 들었다. 그래서 나도 전을 할 때, 전 위에 고추를 잘게 썰어 굽기 시작했다. 내가 끓인 것과 맛이 상당히 다른 된장찌개를 맛보면서 요리법을 전수 받기도 했다. 명란젓 중에 짜지 않은 브랜드, 멸치 중에도 좀 덜 짠 멸치 브랜드를 추천받기도 하고 황태구이하는 방법을 배우기도 했다. 그렇게 나는 점점 요리에 대한 얄팍한 지식과 경험치들이 쌓이기 시작했다. 이제는 어디 나가서 어떤 주부들과 대화를 해도 당당히 한 사람 몫의 이야기는 할 수 있을 거라 자부하고 있다. 그렇게 나의 요리부심은 다시 한번 도약을 할 뻔했다. 아기가 어김없이 내 요리를 바닥에 던져버리기 전까지는 말이다.

1년이라는 시간 동안 양대산맥 같은 어머니들께 요리를 전수 받고 요리로 대화를 하며 경험치를 쌓아 왔으나 이 혹독한 맛 감정사 아기 녀석 앞에서는 모두 무용지물이었다. 아기는 몇 입을 오물오물 해 보는 듯하다가, 냉장실에 넣어 놨다가 데워서 주는 요리면 대체로 거침없이 뱉어 버리곤 했다. 정성으로 해낸 요리들도 자신의 컨디션이 시들하면 아주 오만방자한 자세로 앉아서 숟가락 끝부분을 검지와 엄지로 하늘거리게 잡은 뒤 한 입 대충 먹고 식기를 내려놓았다. "아니, 이렇게 맛있는데 왜 안 먹냐 도대체가." 아내와 나만 정신없이 요리를 먹고 있고, 아기는 그 모습을 희한하다는 듯 쳐다보다가 이내 자신은 다 먹었으니 심심하다며 호통을 쳐 대기 시작했다. 1년 전이나 지금이나 바닥에 떨어진 요리 앞에서 어김없이 아빠의 요리부심도 무너져 내렸다.

"그래도… 이제는… 씹어 보기라도 해 줘서 고마워…."

휴직 중인 나를 아기가
하찮게 여기는 순간들

　육아휴직이 길어지면서 사실 나 자신도 나에 대한 정체성이 흐릿해져만 간다. 나는 그냥 태어날 때부터 집에서 육아만 했던 사람으로 스스로도 여길 때가 많았다. 그러다가 전 애인처럼 흐릿해져 가는 나의 직업인으로 사는 삶이 떠오르면 혼자 호들짝 놀라며 괜스레 옆에서 잘 놀고 있던 아기에게 말하기도 했다.

　"공주야, 아빠 그래도 나름대로 공부도 열심히 했고 돈을 많이 벌지는 못해도 괜찮은 일 하던 사람이다?" 하지만 아기는 듣는 둥 마는 둥 했다. 아기는 아빠가 직업인으로서의 정체성을 잃었기 때문일지 점차 아빠를 하찮게 여기기 시작했다. 사실 오롯이 그래서는 아닐 것이나 아무튼 세 살밖에 안 된 아기가 어느 정도는 아빠는 집에서 대충 노는 사람, 엄마는 돈 벌어 와서 뭔가 사주는 사람으로 인식을 시작한 것임에는 틀림이 없었다. 슬프게도 아기에게 아빠는 '자신을 돌봐주는 사람'으로 여겨지지도 않는 듯했다. 나는 자주 아기와 투덕거렸고, 자주 아기에게 삐쳤으며, 자주 아기에게 안아 달라고 보챘다. 아기로서는 아빠를 '자신을 돌봐주기 위해 일을 잠시 쉬어 가는 사람'으로는 도저히 인식하기 어려운 듯했다. 그보다는 그냥 자신과 비슷한 사람. 세상에 대해 잘은 모르겠지만, 대충 크기가 적당히 큰 '오빠' 정도로 인식하는 듯했다.

원래 마음이 여유가 없을수록 바빠지는 것은 입이다. 아기는 물건을 볼 때마다 "엄마가 사주셨떠요"라고 말해대기 시작했다. 나는 아기 옆에 앉아서 쉴 새 없이 입을 놀리기 시작했다. "아니, 공주야 그게 엄마가 사준 건 맞는데, 아빠도 엄마가 고를 때 옆에서 같이 찾고 같이 결정도 한 거야. 물론 돈을 내진 않았지. 돈을 안 버니까 아빠는. 아니 근데 결정은 같이했어. 즉 아빠도 의사결정에 참여했다는 뜻이고, 아무튼 요약하자면, 이건 아빠도 같이 샀다고 볼 수 있어. 아.빠.도.같.이.샀.어."라고 말하면 아기는 의심스러운 눈초리로 나를 힐끗 쳐다보고는 귀찮다는 듯이 "엄마아빠엄마아빠 가~치"라고 말하곤 했다. 이번에 새로 사준 갈색의 앙증맞은 어그 부츠 신발을 신다가 아기가 또 "엄마가 사주셨떠요." 하고 말했다. 호흡을 한 번 내쉬고 그 길지만 같은 레퍼토리의 서사를 시작하려 하면 아기는 이내 귀찮다는 듯 "엄마아빠엄마아빠 가~치" 하며 내 말을 대충 끊었다. 이런 일들이 수없이 반복된 결과 "엄마아빠엄마아빠 가~치"는 아직 문장을 잘 말하지 못하는 아기가 가장 빠르고 유창하게 하는 말이 되었다. 주입식 교육의 폐해였다.

나는 친구들의 결혼식 사회를 다섯 번 봐 주었다. '이제 나이가 어리지도 않으니, 결혼식 사회 볼 일은 없겠군.' 했는데, 본인 자신도 결혼을 못할 거로 생각했던 오랜 친구가 결혼하면서 최근에 또 결혼식 사회를 보았다. 결혼이란 게 워낙 중요한 일이니, 처음 친한 친구의 사회를 맡을 때부터 방에서 혼자 수백 번을 스크립트를 소리 내 읽어 보며 가상 시뮬레이션을 해 왔는데, 그게 나름대로 효과가 있었는지 친구들은 계속 사회를 부탁해 왔다. 이번에도 부탁을 받았는데, 아내와 아기도 꼭 데려오라는 말에 잠시 고민을 좀 했었다. 사회를 보는 것만으로도 나는 혹시나 당일에 내가 감기에 걸리거나 컨디션이 안 좋아질까 봐, 예상 못한 일이 생길까 봐 신경을 많이 쓰는데 아기와 키 빼고 다 아기 같은 아내를 데려가려니 골치가 벌써 아파져 왔다. 그래도 결국 알겠다고 하고 날짜가 임박해서는 아기가 잠들면 방에서 계속 사회 보는 연습을 했다. 당일이 되었고 우여곡절 끝에 나는 결혼식 사회를 잘 마쳤다. 사회가 끝나고 고맙다며 친구가 안아주는 순간은 그동안의 나의 노고가 모두 해소되는 절정의 순간이다. 아무튼, 그 와중에 아기 녀석은 내 친구들 무리에서 엄청난 예쁨과 사랑과 용돈 등등을 휩쓸고 집으로 돌아왔다. 그런데 아기가 결혼식에서 돌아와서는 길쭉한 리모컨을 잡고 "아이!!", "나우린뭘누마아랄" 라고 알아듣지 못할 말을 하며 우리 부부에게 자꾸 호통을 쳤다. "뭐라는 거여?" 하며 한참을 아기랑 실랑이하다 알게 된 그 말의 뜻은 '아이!! 큰 박수 부탁드립니다'였다. 그리고 아기는 어서 박수를 치라고 우리 부부에게 호통을 치는 중이었던 것이다. 발음은 정확해지지 않았으나 아기는 그날 이후로 한 달 가까이 길쭉한 물건만 보면 손에 들고 "아아!! 큰 박우눌" 하며 박수를 요구하고 다녔다. 나와 아내가 환호하며 박수를 칠 때까지 그 요구는 멈추지 않았다.

처음엔 이 상황에 아내와 그저 엄청나게 웃었는데, 그다음엔 괜히 오묘한 긴장감이 밀려왔다. 아내의 배 속에 아기를 임신했을 때부터 아기에게 부끄럽지 않게 살겠다며 내 나름대로는 열심히 살아왔다. 그런데 막상 아기 앞에서 빛나는 아빠의 모습은 별로 보여주질 못했다. 멋진 아빠가 되겠다며, 아기를 더 즐겁게 해 주겠다며 성실히 공부하고 이것저것 해 온 아빠의 모습도 아기가 봤을 때는 그냥 자신과 집에서 놀고 있는 친근한 아빠의 모습이었을 것이다. 그런 생각을 하니 조금은 조바심이 났다. 아기에게 빛나는 아빠의 모습도 보여주고 싶어서, 사회에서도 당당한 구성원으로 사람들에게 존중받는 아빠의 모습도 아기에게 보여주고 싶어서.

마이크랍시고 한 손에 놀이용 나무 숟가락을 들고 아빠 따라 "아아~~" 하고 혼자 뭐라 뭐라 하다가 대자로 뻗어서 잠이 든 아기를 보면서, 뭘 해야 아기에게 진짜 멋진 아빠의 모습을 보여줄 수 있을지 고민이 되어 머리통부터 부여잡게 되는, 아빠의 밤이다.

가족이 늘어난다, 행복이 늘어난다

지난 몇 년간 나는 가족이 급격하게 불어났다. 먼저 결혼을 하면서 아내가 가족 구성원에 추가된다고 생각했는데, 부모님이 또 생기고 남동생도 생겼다. 아내뿐 아니라 처가 식구도 가족이 되다 보니 갑자기 가족이 확 늘어난 느낌이었다.

사위 사랑은 장모라는데, 장모님도 나를 정말 많이 사랑해 주시지만, 장인어른의 나에 대한 사랑은 정말 각별했다. 장인어른은 나를 심지어 연예인 헨리를 닮았다며 "헨리야!"라고 부르셨다. 그 잘생긴 외모와 나는 좀 거리가 있었지만, 장인어른 눈에는 그만큼 내가 사랑스럽게 보인다는 의미로 해석했다. "에이, 제가 뭘 헨리를 닮아요… 하하하!" 하고 한번 조금 발을 빼는 듯했다가 내심 기쁘길래 그냥 모르는 척 그 호칭을 듣고 있다. 장인어른은 장모님이 잠시 아내와 대화를 하거나 하면 조용히 내 곁으로 다가와 내 손을 꼭 잡으며 말씀해 주셨다.

"헨리야… 너무 잘하려 하지 마." 그럼 나는

"아, 아닙니다. 아버님!" 하고 군기가 바짝 든 채로 대답하곤 했다. 그렇게 5년의 세월이 넘게 흘렀다. 아버님은 지금은 나를 부르고 싶은 대로 그냥 부르시지만, 여전히 가끔 '헨리야!'라고 부르신다. 아버님은 가끔

"헨리야, 니 와이프는 집에서 그냥 쉬라고 하고, 너만 나와서 같이 술 한 잔하면 안 되겠냐?" 하고 말씀하셨다. 그렇게 둘이 술을 마시면 우리는 팔짱을 끼고 다니며 아내의 뒷담화를 하곤 했다.

"걔가 성격이 보통이 아니다…. 니가 참 고생이 많다."

"그러니까요, 아부지… 그러니까 맛있는 안주 사주세요." 하면 아버님은

"아이고 이 늙은 아빠가 점심값도 아까워서 라면이나 끓여 먹으면서 버는 돈인데…." 하고 일명 '없는 아빠의 설움 레퍼토리'를 시작하셨다. 나는 굴하지 않고 말했다.

"그렇게 값진 돈으로 사주시는 거라 그런지 정말 맛있습니다. 다음에는 장어 사주세요. 아, 아뇨, 바다장어 말고 민물장어요. 사랑합니다." 하며 술과 안주를 얻어먹곤 했다.

내 팬클럽 1호라 할 만한 사람은 처남이다. 물론 팬클럽은 예전이나 지금이나 1호에서 멈춰 서 있다. 처남이 팬클럽 회장이고 부원이고 총무고 뭐 그렇다. 나는 결혼 전에도 처제라면 너무 가까워지긴 어렵겠지만, 처남이나 형님이 생긴다면 아주 돈독한 사이를 만들어 보겠다고 상상하곤 했다.

그리고 아내와 연애할 때, 아내에게 남동생이 있다는 걸 알고 내심 기뻤다. 나는 누나만 있어서 남동생이 있는 사람이 부럽기도 했기 때문이다. 나이 터울도 두 살밖에 나지 않아 말도 잘 통할 거 같았다. 아내를 통해 조심스럽게 언제 둘이 술 한잔하자는 말을 전달했다. 아내는 "내 동생 술 못 마시는데? 자기는 술 잘 마시잖아요?" 하며 동생을 걱정했다. "아니, 내가 뭐 술을 억지로 먹일 것도 아니고 술 안 마시면 맥주나 한잔 정도 하면 되지요." 그렇게 우리는 만나게 되었다. 처남은 굉장히 쑥스러워하며 "안녕하세요?" 하고 인사했다. 키가 180cm가 넘고 눈이 크고 순하게 생긴 외모였다. 뭘 먹을까 하다가 사케를 먹어본 적이 없다기에 이자카야로 향했다. 술을 잘못 마신다던 처남은 술을 아주 벌컥벌컥 잘 마셨다. 계속 달리자 하기에 둘이 3차까지 마셨다.

그러더니 "형 저는 사실 형 같은 사람이 우리 누나를 왜 만나는지 정말 모르겠어요." 하며 아내의 특성들을 얘기하기 시작했다. 역시 남동생들이 느끼는 누나들이란 다 거기서 거기구나 하며 끄덕끄덕했다. 그러다가 "형… 만약에 혹시나 누나랑 잘되지 않더라도 저랑은 꼭 연락하고 지내요, 제발요." 하고 공식 선언을 하며 나의 팬클럽 1호가 되었다. 이후 아내와 결혼 얘기가 나올 때 평소 집에서 별로 말이 많지 않던 처남은 아주 적극적으로 우리의 결혼을 지지했다. 덕분에 결혼은 쉽게 진행되었다. 그 후로도 우리는 둘이 따로 나가서 술도 마시고 연애 상담, 진로 상담도 하며 지내 왔다. 그렇게 직장인이 된 처남은 내 생일 때 조용히 용돈을 보내주기도 하고 무슨 일이 있을 때마다 "훈남아빠 형, 힘들어. 그거 하지 마." 하며 나의 팬클럽 1호의 역할을 아주 톡톡히 해주었다.

하지만 우리가 가깝게 지내자 장모님은 아주 사소한 걱정거리가 생기셨다. 처남이

"훈남아빠 형처럼 사느니 나는 결혼하지 않을래 난 저렇게 못 살아." 하며 충격 발언을 한 것. 장모님은 "야! 너 그게 매형 앞에서 할 소리니?!"라며 크게 반발하셨다.

나는 그저 "음…?" 하며 듣고 있었는데 장모님은 말씀을 이어나가셨다.

"야! 매형처럼은 살면 안 되지! 저렇게는 살지 마!"

잠시 곱씹어 보며 '이건 칭찬인가…? 무엇인가…?' 하고 어떻게 받아들일지 모르겠다 싶다가 그냥 생각하는 것을 포기하게 되었다. 아무튼, 그 이후로도 처남은 수시로 "난 저렇게 못 살아 결혼 안 할래" 하며 장모님을 자극했고 장모님은 항상 "야!" 하고 소리치시며 뭔가 말씀을 이어나가셨다. 장인어른은 내 손을 잡으시며 "너무 잘하려 하지 마…." 하셨다. 처남은 둘이 술 마실 때마다 나한테 물어보곤 했다.

"형은 왜 이렇게 가족들한테 잘해요? 저는 결혼하면 형처럼은 못하겠어요."

"너도 진짜 좋아하는 사람 만나면 이렇게 될 거야." 하고 대답하긴 했지

만 사실 나는 알고 있다. 내가 사람 복이 많아서 장인 장모님, 처남까지 모두 내가 하는 만큼, 그 이상 고마워하는 사람들이기 때문에 나도 내 나름 잘해보려고 노력하게 된다는 걸.

아무튼, 이렇게 결혼하고 나서 가족이 많아지다 보니 늘어난 행사들에 꽤 바쁠 때가 많았다. 다만, 어디선가 본 문구처럼 사랑하는 사람이 많아진다고, 사랑의 크기가 나뉘는 거 같지 않았다. 그냥 사랑하는 사람이 늘어난 만큼 사랑의 총 크기도 커지는 느낌이었다. 그런데 거기에 아기까지 태어났다. 이 작은 아기가 양가 가족들 모임에 합류하기 시작하자, 예상치 못한, 엄청나게 역동적인 시너지들이 나오기 시작했다. 가족이 늘어날수록, 내 몸이 바쁘고 정신없어지는 건 분명한 사실이 맞다. 하지만 가족이 늘어갈수록 내가 행복하게 웃는 순간들도 훨씬 많아졌다. 오늘도 나는 모든 집안일은 내가 다 할 테니 아내에게 공주의 동생을 만들어 주자며 설득하고 있다.

"이미 일은 거의 여보가 하고 있지 않나? 몸이 두 개라도 되나?" 하며 아내는 웃으며 대답했다. 듣는 척도 안 하던 아내가 아기가 생겼을 때 걱정거리들을 요새 얘기하는 거 보니, 아내도 나름대로 고민이 되는 거 같다. 최종 선택은 가장 힘든 시간을 보내야 하는 아내의 몫이지만, 기왕이면 저 사랑스러운 공주의 동생도 만날 수 있게 돼서 가족이 더욱 북적이면 좋겠다.

아빠가 커피 살 때 텀블러를 쓰게 된 이유

고슴도치도 제 자식은 예뻐한다는 말이 있다. 예전에 고슴도치를 키워봤던 나로서는 '고슴도치 얼굴이 얼마나 귀여운데….' 싶어 완전히 공감하지는 못하는 말이다. 아무튼, 우리 부부 눈에 아기는 점점 더 예뻐 보이기 시작했다. 이미 대머리 빡빡이일 때조차도 예뻐 보이던 아기가 머리숱이 풍성해지고 눈망울이 또랑또랑해졌다. 거기에 볼때기에 손가락을 꽂고 웃는 치명적인 애교까지 장착하자 우리 부부는 녹아내리기 시작했다. 나는 터질 듯한 아기의 볼때기를 시도 때도 없이 깨물고 있었다. 그 볼때기는 어찌나 빵빵한 지 아기의 뒤통수를 보고 있어도 볼때기가 옆으로 튀어나온 것이 보였다. 그러면서 우리 부부가 항상 의아해서 하게 되는 말은 '애에게는 도대체 왜 우리 부부의 얼굴이 없는 것인가?'였다.

아기가 아주 어렸을 때 장모님은 아기를 보며 항상 말씀하셨다.
"공주야, 너는 성격은 무조건 니 아빠를 닮아야 한다. 꼭 그래야 한다."

그리고 잠시 후에 "공주야 외모도 니 아빠를 닮아야 한다. 외모도 니 아빠를 닮는 게 훨씬 낫겠다. 키만 엄마 닮아라. 다른 건 하나도 닮지 말고 키만 니 엄마 닮으면 된다."

옆에서 듣고 있던 아내는 장모님께 따졌다.

"엄마는 내 엄마 맞아? 어떻게 자기 딸을 앞에 놓고 그렇게 말을 하나?"

"내가 틀린 말 했냐? 그럼 공주가 니 성격 닮으면 좋겠니?"

"아니, 그건 안 되지 훈남아빠 닮아야지."

모녀의 대화를 들으며 '일반적으로 저런 식으로 대화를 잘 하지 않는 거 같은데….' 하고 머릿속으로 생각하고 있었는데 장인어른이 말씀하셨다.

"그런데 얘는 도대체 누구를 닮은 거냐? 일단 우리 집안 피는 조금도 보이지 않는 거 같다."

아기의 얼굴은 수천 번도 넘게 변한다고 한다. 그런데 현재까지 아기의 얼굴은 딱 봤을 때 우리 아버지를 너무 닮았다.

"아버님 왜 여기 계시나요?"

아내는 아기를 보다가 종종 너스레를 떨기도 했다. 원래 대를 건너 이렇게 닮기도 한다는 말은 들었다. 부모님 댁에 갔을 때 아버지 옆에 아기가 앉아 있자 얼굴이 너무 판박이여서 소름이 돋았다. "공주야 제발… 할아버지 닮지 마. 살생긴 아빠 얼굴 두고 왜 할아버지 얼굴을 닮아…. 제발 그러지 마."

나는 공주 옆에서 설득인지 기도인지를 하고 있었다. 그런 나를 보며 아버지는 늘 말씀하셨다.

"야, 아빠 이렇게 편하게, 행복하게 잘 살잖냐? 아빠 닮으면 공주도 편하게 잘 살 거야."

커갈수록 희한하게 아버지의 얼굴을 상당히 닮아가서인지 아버지는 손녀를 아주 끔찍하게 예뻐하셨다. 어디 나가도 유아차를 놓지 않으시고 끌고 다니셨고 허리도 안 좋으신 분이 아기가 안아 달라고 팔을 뻗으면 망설임 없이 아기를 번쩍번쩍 안아 주셨다.

아기는 대체로 아버지를 닮았지만 내 얼굴도 조금씩 보였고 내 특유의 표정까지 따라 하기도 했다. 한쪽 입꼬리만 올리며 약간 비열해 보이게 웃는 표정인데, 아기는 자주 그렇게 웃었다. 거기에 커 가면서 점점 내 행동을 그대로 따라 하기 시작했다. 내가 운동하고 나서 상의를 살짝 올려서 복근을 확인하는 모습을 보고 아기는 잠옷 상의를 훌렁훌렁 벗어 재끼려 하기도 했다. 나는 깜짝 놀라서 말했다.

"아니, 그렇게 배를 훌떡훌떡 까면 어떡하냐!"

내가 즉시 제지하려 하자 아기는 도망 다니며 배를 훌렁훌렁 열어젖혔다. 하는 수 없이 그 이후로 나는 아기가 안 볼 때 몰래 거울로 복근이나 허벅지 근육을 체크하곤 했다. 그뿐만 아니라 수시로 내가 청소를 하자 아기도 이불이나 휴지로 수시로 바닥을 닦아 댔다.

"공주야 안 할 거면 모르겠는데 기왕 할 거면 제대로 빡빡 해 빡빡!"

청소하는 모습을 보고 농담으로 신데렐라 계모 같은 말투로 말했는데 아기는 정말 박박 바닥을 닦고 다녀서 내 할 일을 줄여 주기도 했다.

아기가 성장하면서 하나씩 더 할 수 있는 것들이 생겨날 때마다, 그 행동들은 나나 아내의 행동을 상당히 닮아 있었다. 그렇게 커나가고 있는 아기를 보자 묘한 생각이 들었다. 내 얼굴과 비슷하게 생기고 나의 행동을 따라 하고, 내가 하는 말들을 진리라고 생각하고 사는 생명체라니. 너무 경이로우면서도 조금은 무섭기도 했다.

"성격도 행동도 다 훈남아빠 닮아라."

장인 장모님이나 아내가 농담처럼 말하긴 했지만 얼마나 부족한 게 많은 사람인지 나 스스로는 더 잘 알고 있기 때문이었다.

어디선가 사람들이 아이를 낳아야 세상이 평화로워진다는 글을 본 적이 있다. 이제는 그 말에 전적으로 동의하게 되었다. 나만 해도 전에는 나도 모르게 무의식적으로 '어차피 내 생애 동안만 별문제가 안 생기면 되지!' 하고 생각했었다. 그나마 공부하고 의식적으로 생각을 해서 환경이나 세상에 대한 걱정을 좀 하는 척을 했다. 그런데 이제는 너무나 자연스럽게 세계의 문제에 대해 걱정한다. 기후나 환경 관련 기사가 나오면 읽어 보고 세계 분쟁 관련 기사가 나와도 꼭 읽어 본다. 아기가 나보다 더 나은 세상에 살기를 바라기 때문이다. 플라스틱도 나름대로 줄여 보려고 배달 음식을 줄이고 광고의 한 장면처럼 커피를 살 때는 텀블러를 가지고 다니기 시작했다. 포장이 너무 과하게 오는 업체는 가능한 이용하지 않았다. 그리고 아기가 내 나쁜 행동을 따라 할까 봐 스스로 자꾸 행동이나 생각을 검열하기도 한다. 헷갈릴 때는 아내에게 물어보기도 했다.

"여보 이거 이렇게 생각하는 게 좀 나쁜 생각인가?"

아내는 항상 진중하게 내 질문에 대답해 주곤 했다. 그렇게 우리 부부는 전보다 더 나은, 더 괜찮은 사람으로의 삶을 살기 시작한 거 같다.

이 모든 게 볼때기에 손가락을 꽂고 날 보며 웃고 있는, 날 닮은 저 녀석 덕분이다.

육아에서 악역은
누가 맡아야 하는가?

아내와의 치열한 눈치 싸움이 있었다. 육아 선배들이 늘 말했던 것처럼, 결국 부부 중 한 사람은 아이에게 악역을 해야 했다. 물론 우리 부부는 의도치 않게 둘 다 악역을 하고 있을 때도 많았지만 어쨌든 표면적으로 그런 역할을 하는 사람이 필요했다. 우리 부부는 아마도 아내가 그런 역할을 하게 되지 않을까 생각하고 있었다. 그건 우리 부부의 평상시 성격 탓이다. 말하기 조심스럽지만, 아내는 나를 개 같은 사람이라고 했다. 리트리버나 기타 댕댕이들처럼 분쟁을 싫어하고 갈등이 일어났을 때 빨리 조율하려 하는 사람이라고 말이다. 반면에 아내는 주변인에게는 분노의 잔소리를 잘하는 사람이다. 분노 한계치가 조금 낮아서 종종 분노를 표출하곤 했다. 이렇게 말하니, 아내의 성격이 굉장히 괴팍해 보이는데, 아무튼 아내는 좋은 사람이다. 어쨌든 그런 아내이기에 아내가 출산을 앞두고 있을 때, 아내가 적극적으로 아기를 훈육하는 역할, 나는 아기를 포용해주는 역할을 하기로 아내와 가벼운 협의도 했다.

그런 아내가 소녀로 변했다. 아내를 처음 만날 때부터 지금까지 나는 아내의 저런 모습을 보지 못했다. 아내는 아기 앞에서는 한없이 부드러워졌다. 목소리 톤은 평상시와 비교하면 몇 톤이 올라가고 입에는 시종일관 미소를 짓고 있다. 아내는 자주 말하곤 했다.

"말도 아직 잘못하는 아기한테 뭐라 할 순 없잖아. 여보는 말 잘하잖아. 글까지 쓰고."

거칠게 번역하자면 '아기에게는 어쨌든 화를 못 내겠고 나는 아내의 화를 가끔 맞아라.' 하는 얘기인 듯했다. 아기랑 놀다가 아기가 실수로 아내 배를 무릎으로 찍거나 하는 등의 상황이 생기면, 옆에서 멍하게 설거지하고 있던 엄한 나를 향해 고개를 홱! 틀고 잠시 눈을 흘겼다. '그래 그 분노가 어디 가진 않겠지… 아니 근데 그게 나한테로?!' 하지만 아내는 아기에게는 여전히 온화한 미소를 짓고 있다.

아내는 아기가 종잇장 구기듯 이마부터 눈썹으로 코로 점점 얼굴을 구기며 울 준비를 하면 안절부절못하며 그 상황을 잘 견디지 못했다. 나중에는 자신의 그런 모습을 조금 인식하고는 "아니야! 공주 그렇게 울어도 안 해 줄 거야." 하고 아기에게 단호하게 말했다가도 아기가 닭똥 같은 눈물을 호도독 흘리기 시작하면 정처 없이 아기의 요구를 들어주었다. 아내가 이렇게 나오니 자연스럽게 악역은 나의 일이 되었다. 선택의 여지가 없는 문제였다. 몸을 쓰는 것을 그리 좋아하지 않는 아내가 뭔가 꿈쩍꿈쩍 일하는 모습을 보면, 그냥 좀 안쓰럽기도 해서 대부분의 집안일은 내가 한다. 출산 후에는 그런 상황이 더욱 가속화되어 어느 순간 정신 차려 보니, 주변에서는 나를 아내 손에 물 한 방울 잘 묻게 하지 않는 스윗한 남자로 여기고 있었다. 아내를 많이 사랑한다고 생각은 하지만 별로 그런 스윗한 남자는 아닌데 어쩌다 보니 그렇게 되었다. 나만 열심히 일하고 아내는 소파에 누워서 놀고 있다는 게 아니라, 내가 뭔가 할 때는 아내도 함께 뭔가를 한다. 다만 출산 후에는 내가 집안일 하는 동안 아내는 아기와 열심히 놀아준다.

문제는 아기가 듣기 싫어하는 잔소리는 내가 하고, 재미있게 놀아주는 것은 아내가 많이 해주다 보니 원래도 엄마를 더 찾던 아기의 성향이 점점 짙어지기 시작했다는 점이다. 아기가 나랑만 둘이 있을 때는 애교도 많이 부리고 아주 잘 지내다가도, 아내와 내가 같이 있을 때는 늘 아내만 찾았다. 나는 마치 영화 〈다크 나이트〉의 배트맨처럼, 음지에서 활동하기 시작했다. 하필이면 형광등 켜는 것을 상당히 싫어하는 나의 성향은 이런 극단적인 대비를 만들어냈다. 아내와 아기가 창에서 쏟아지는 햇살을 맞으며 양지에서 꺄르르르 하며 놀고 있으면 나는 컴컴한 주방 쪽 음지에서 작은 조명 하나 켜놓고 반찬 만들거나 설거지를 하거나 걸레질 등의 집안일을 하는 것이다.

물론 자기 스스로 악역을 자처하고 음지에서 인류를 위해 희생하는 다크 나이트와 어쩌다가 그냥 구석에서 집안일하고 필요할 때 잔소리나 하는 나의 상황을 어찌 감히 비교하겠냐마는, 영화에서는 볼 수 없었던 배트맨의 슬픔은 아주 조금은 상상할 수 있었다. 아기가 나에게 "아빠 가!", "아빠 미워!" 하고 소리칠 때는 세상이 무너지는 듯하다. 오늘 밤에는 오랜만에 다크 나이트를 보며 배트맨에게 감사 인사를 좀 해야겠다. 어쩌면 늘 덤덤해 보이던 배트맨도 배트맨을 향한 대중의 분노에 뒤에서는 억장이 무너지고 있을지도 모르니까.

아빠는 찌찌 커,
엄마는 쩜쩜쩜…

두 돌이 지나자 아기는 머릿속에 넘쳐나는 생각들을 내뱉고 싶어 어쩔 줄 모르겠다는 듯이 엄청나게 말을 쏟아내기 시작했다. 물론 대다수 말들은 정확하게 이해할 수 없는 말들이었다. 무슨 말인지 정확히 이해하진 못했으나 그냥 "응, 그렇구나! 오호!" 하며 대충 맞받아쳐 주며 흘려보내고 있는데 어떨 때는, 내 앞에 딱 서서는 "아빠! 요애모!!"라는 식으로 말하며 눈을 치켜세운다. "응? 뭐라고?" 대충 말하는 표정과 분위기를 보니 내가 이해하기 전까지는 절대 물러서지 않을 기세다. 아기가 몇 번을 뭐라고 같은 말을 하고 있으면 머릿속에 빠르게 아기가 지금 필요할 만한 게 무엇일지 떠올리며 하나씩 단어를 던져준다.

"뭐 이불 필요하다고? 아니야? 그럼 색연필?", "아까 먹은…. 아, 아까 먹은 간식 또 달라고?"

아직은 아기와 소통을 할 때, 상당 부분 이렇게 상황적 맥락에 의존해서 의미를 추론하고 있다. 그런데 몇몇 문장들은 아기가 정확하게 말을 한다. 아주 발음까지 또렷하다. 그런데 참 얄궂은 부분은, 밖에서 듣기에 민망한 것들은 아기가 유창하고 명확하게 발음을 한다. 최근에 우리 부부를 가장 당혹스럽게 했던 표현은 "아빠 찌찌 커~~어! 엄마는 짝아!"였다. 우리 부부 둘이 아기를 보며 함께 놀고 있다가 아기가 뜬금없이 이런 선언을 했고, 우리 세 사람 사이에는 잠시 정적이 흘렀다. 아내도 나와 같은 생각이었을 것이다. '내가 지금 들은 게, 내가 생각하는 그 의미가 맞는 건가?' 아내가 어렵사리 아기에게 다시 한번 말을 꺼냈다.

"공주야, 뭐라구?" 아기는 큰 목소리로 명확하게 다시 한번 들려주었다. "아빠 찌찌 커어어어~~! 엄마는 짝아!" '아빠 찌찌 커어어어' 하는 부분에서는 양팔을 크게 크게 돌리며 자신이 우리가 생각하는 '크다'를 의미하는 것임을 확실하게 해주었다. 우리 부부는 빵 터져서 한참을 웃었다. 나는 헬스를 오랜 시간 해 와서 가슴 근육을 많이 키웠는데, 내가 옷을 갈아입을 때마다 아기는 내 옆에 와서 골똘히 생각하는 표정으로 내 몸을 지켜보곤 했다. 그런데 이게 이런 결과로 나올 줄은 몰랐다. 한참 웃었으나 웃고 나서는 걱정은 좀 되었다.

"어린이집 가서 저 말 계속하고 다니는 거 아니겠지? 엄마 가슴 짝다고?" 아내가 걱정스레 말했다. 그런 엄마의 마음을 아는지 모르는지 아기는 배란다 창 앞에 홀로 서서 바깥을 보며 아련한 듯이 "아빠 찌찌… 커…! 엄마 찌찌 짝아…!"라고 연거푸 말하고 있었다. "저런 소리를 왜 창밖을 보며 혼자 중얼중얼하고 있는 거야 대체?"

아기는 항상 시커멓고 좀 커다랗고 못생긴 어떤 것을 보면 "아빠!!"라고 말하고, 핑크핑크하고 예쁜 걸 보면 "엄마!"라고 말하곤 했다. 나는 항상 아기에게 "공주야 아빠 이렇게 예쁘게 생겼는데 왜 자꾸 못생긴 것만 보면 아빠라고 그래?"라며 툴툴거렸으나 아기는 항상 듣는 체 마는 체했다.

어느 날은 소아과 병원에 갔는데 아기가 좋아하는 뽀로로가 나오고 있었다. 집에서는 하루에 텔레비전 시청 시간을 20분으로 제한하기 때문에 아기는 병원만 가면 내 무릎 위에 앉아서 뽀로로를 보느라 정신이 없었다. 뽀로로에서 하얀색 거대한 원숭이가 나오자 아기는 콧구멍을 크게 벌름벌름거리며 큰소리로 외치기 시작했다.

"아빠! 아빠!"

평상시에는 어린이집 선생님의 말씀처럼 항상 '어머 왜 이러시는 거예요.' 하는 느낌으로 아주 혼자 조신조신 청순한 느낌은 다 내고 있다가 텔레비전에 그 고릴라인지 설인인지 뭔 원숭이가 나오자마자 콧구멍을 벌름거리며 소아과 병원이 울리게 외쳐댔다.

"아빠! 아빠!"

그 모습을 보자니 참 쓸쓸했지만 대충 넘어가려고 말했다.

"알겠어, 공주야. 그래, 그래."

그러자 아기는 나와 화면 속 원숭이를 교차해서 보며 소리 질렀다.

"아빠! 원숭이!", "아빠! 원숭이!"

고백하자면 아기가 10개월일 때부터 아빠가 육아하다 보니, 좀… 장난을 많이 치며 키우긴 했다. 세상일 다 인과응보라 했던가. 말도 아직 잘하지 못하면서, 삶에 2년 차밖에 안 된 아기 녀석에게 이렇게 벌써 약 올림을 당하게 될 줄은 몰랐다. 그런데 가끔은 정말로 약이 올라서, 두 살짜리 아기에게 분해하는 내 모습이 더 분하다.

아빠가 찾은,
아기를 키우는 이유

나이가 조금씩 들어가면서 생긴 아쉬운 점이 있다. 그건 바로 세상이 점점 재미가 없어진다는 점이다. 마치 세상에 옅은 회색빛 물감을 부어 놓은 것처럼 세상 모든 것들의 색채가 흐려진다. 이건 우울함이나 체념 같은 느낌과는 완전히 다르다.

어릴 때 내가 가장 이해하지 못했던 어른들의 반응 중의 하나는, 결혼식 뷔페를 갔을 때 어른들의 말이었다. 어른들은 항상 "차라리 따뜻한 갈비탕이나 한 그릇 먹었으면 좋겠다."라고 말하곤 했다. '아니 세상에 이렇게 먹을 게 많아서 뭘 먹을까 고민하느라 행복한데 저게 무슨 소리지?' 항상 그런 어른들의 말이 이해가 안 되었다. 그런데 이제는 그 반응도 이해가 된다. 그녀와의 첫 만남도, 직장에 나가서 직장 동료들에게 인사하던 순간들도. 의식하지 않아도 삶에 빼곡하게 채워져 있던, 형형하게 빛나던 색채들이 점점 바래져 간다. 기숙사에서 두 마리 치킨을 먹으며 함께 행복해하던 친구들과 만나서 이제는 나름 괜찮은 일식을 먹으며 웃고 떠들어도 전과 같은 느낌은 아니다.

이런 얘기들은, 맨날 직장에서 밤늦게 퇴근하고 적적해서 술 한잔 마시고 들어와 방문 열어 자는 아이들, 아내 얼굴이나 한 번 보고 대충 씻고 다음 날 또 야근이 예정된 직장으로 출근하는 직장인 아저씨들만 느끼는 감정인 줄 알았다. 나는 정시에 가깝게 퇴근할 수 있고, 저녁이 보장된 삶을 살아가고 있지만 크고 작은 일들이 많이 생긴다. 나름대로 도전하고 있는 것들도 많다. 그러다 보니 예상치 못한 감사한 성공도, 수없이 많은 작은 실패들도 경험한다. 운동도 꾸준히 하고 있으며 가족들과 소소하게 행복한 시간도 자주 보낸다. 다시 생각해도 요새 진하게 경험하고 있는 이 느낌, 이건 우울함이나 체념 같은 감정은 아니다.

하지만 뭘 먹든, 누구와 먹든, 뭘 하든 내 삶에서 일어나는 많은 일이 색채를 잃어 간다.

어쩌면 이건 '나이 듦'의 문제가 아니라 삶이 점점 안정을 찾아가고, 내 삶이 예상치 못한 방향으로 완전히 다르게 흘러갈 확률이 점점 줄어들고 있다는 점에서 오는 감정일지도 모른다. 안주하지 않고 뭔가를 하고 있다고는 하지만, 이젠 나의 정체성도 분명히 뷔페보단 뜨끈한 갈비탕 한 그릇을 선택하는 사람이 되었다. 불편하고 맛을 보장할 수 없어 이 음식 저 음식 기웃거리며 도전해야 하는 뷔페보다는 선택할 필요도 없이 예상되는 맛으로 안정적으로 먹을 수 있는 한 그릇의 갈비탕을 주는 게 더 좋아졌으니까. 불확실성도 그에 따른 긴장감도 점점 줄어들고 있다. 거기에 나는 지금의 포근하고 안락한 삶을 내던지고 다시 황야로 나아가진 않을 테니, 내 삶에서 벌어지는 경험들이 색채를 잃어가고 있는 이 현상은 이제 시작이고 계속될 거라는 생각이 들었다. '무슨 이유든, 나는 안정되고 포근한 삶을 누리고 있으니 그러려니 해야지.' 하며 맴도는 생각을 멈추곤 했다.

어느 날 저녁, 집에서 나는 고기를 굽고 아내는 쌈을 들고 아기를 쫓아다니고 있었다. 아기는 고기를 백김치에 싸서 몇 쌈 먹더니 더는 안 먹겠다며 식탁을 탈출했다. 그래도 엄마가 쌈을 싸서 쫓아다니며 먹이니 꺄르르 하며 도망 다니다가도 검지 한 마디만 한 고기 한 쌈 받아먹고 팔을 위로 아래로 번쩍번쩍 뻗으며 춤을 춘다. 고기를 다 굽고 대충 정리를 한 뒤 식탁에 아내랑 둘이 앉아 나는 맥주를 한 캔 마시며 뒤늦게 고기를 먹기 시작했다. 아내는 고생했다며 쌈을 내 입에 넣어주었다. 우리 부부는 식탁에 앉아서 고기를 먹고 있고 아기는 그 옆에서 혼자 주방 놀이를 하며 놀고 있었다. 아내가 쌈을 싸서 "공주야 쌈!" 하고 부르면 달려와서 야무지게 '앙' 물고는 다시 뛰어가서 제 할 일을 하고 놀았다.

"저 녀석이, 밥 먹는 예절이 아주 그냥! 식탁에 앉아서 먹어야지, 공주야!"

나는 툴툴대며 말하면서도 저렇게 혼자 놀 수도 있는 아기를 보니 벌써 많이 컸다는 생각도 들었다.

그렇게 앉아서 아기가 노는 것을 보고 있는데, 순간 겨울철 김이 가득 서린 버스 창에 가운데만 옷으로 슥슥 문질러 지운 것처럼, 아기 주변만 색채가 생생하게 보였다. 아기의 눈은 그냥 검은색 흰색만이 아니라, 빛을 머금어 반짝반짝 빛나고 있었다. 열심히 뛰어다녀서 두 볼은 핑크색으로 살짝 물들어 있고, 정확하지도 않은 말들을 계속 해대느라 쉴 새 없이 움직이는 쪼그마한 입술은 주황색으로 번뜩였다. 아기 주변이 다채롭게 빛나고 있었다. 너무 신기한 광경에 그렇게 놀고 있는 아기를 한참이나 쳐다보았다.

"아빠, 손!"

그러고 보니 손을 내어주면 내 손을 잡고 뒤뚱거리며 걷는 아기 옆에서, 나의 흐릿해져 가던 색채도 그 순간만큼은 선명하게 빛났던 거 같다. 옛날 어른들이 '내 삶을 비춰 주는'이라는 조금은 민망해 보이는 수식어를 자식들에게 많이 쓰시더니, 이제는 그 말도 이해가 간다. 이래서 아기를 키우나 보다. 아기가 날 보며 환하게 웃어 줄 때, 웃으며 나에게 달려와 줄 때, 잃어버렸던 세상의 모든 색채가 나에게 쏟아지는 듯하다.

노원구,
이제는 안녕을 말해야 할 때

　어느덧 다시 날씨가 쌀쌀해지면서 육아휴직이 끝나는 시기가 다가오고 있었다. 이제 아기를 어린이집에 오후 4시까지 보내기 시작했다. 육아휴직이 끝나고 우리 부부가 출근하기 시작하면 아기는 오전부터 오후 4시까지는 어쨌든 어린이집에 있어야 하기 때문이었다. 아기가 그동안 어린이집에서 오전을 보내고 점심만 먹고 집으로 돌아오던 터라 걱정이 많이 되었다. 갑작스러운 변화에 아기가 스트레스를 많이 받을까 봐, 적응하기 힘들어할까 봐 걱정했는데, 아기는 이틀 정도 만에 바로 쿨쿨 잘 잤다. 그렇게 하나씩 육아휴직이 끝난 후에 바뀔 삶을 준비해야 했다. 거기에 신혼부터 지금까지 5년이 넘는 시간 동안 살았던 동네도 아파트 계약이 끝나가면서 우리 가족은 아예 다른 지역으로 옮겨 가기로 했다. 이제는 육아휴직의 삶도, 이 동네의 삶도 슬슬 정리해야 할 시기였다.

　동네 사람들이 참 좋다며 이 동네를 매우 좋아하던 나였는데, 최근 얼마간은 뭔가 불만이 많았다. 이사를 해야 할 시기가 다가와서일지, 그냥 이

동네와의 인연이 슬슬 끝나가는 것인지 알 수 없었다. 새로 이사 온 윗집이 층간 소음이 너무 심해서 아기가 저녁에 자다가 소리 지르며 깰 때가 상당히 많았고, 갑자기 집안의 시설들이 고장 난다든지, 이중 주차된 차를 밀다가 차가 데굴데굴 굴러가서 사고가 난다든지 하는 식이었다.

"아, 이제 이 동네랑도 인연이 다했나 보구만! 흥! 더 좋은 집, 더 좋은 동네로 이제 이사 간다!"

나는 괜히 툴툴거리며 말하곤 했다. 그런데 막상 정말 이사를 해야 할 시기가 점점 다가오자 이 동네의 모든 것이 하나하나 눈에 밟히기 시작했다.

나는 아기랑 어린이집을 오고 가면서, 가까운 거리이지만 항상 오랜 시간 동안 동네를 탐색했다. 그러다 보니 동네 여기저기 아기와의 추억이 묻어 있었다. 지형이 살짝 움푹 파인 덕에 비가 오면 항상 빗물이 고이는 곳이 있었다. 아기와 비 오는 날은 우산을 쓰고 걸어가다가 어김없이 그곳에 들러 가볍게 발을 첨벙거리곤 했다. 은행나무가 일렬로 죽 심겨 있어서 가을이 되면 은행잎들이 바람에 눈송이처럼 흩날리는 길이 있다. 어린이집을 가는 길에서 살짝 돌아가야 했지만, 가을이 되면 아기랑 흩날리는 은행잎들을 잡으러 뛰어다니곤 했다. 맥문동은 꽃이 지고 나면 작고 앙증맞은 남색의 동글동글한 열매들을 잔뜩 피워내곤 했다. 맥문동이 잔뜩 심긴 곳에서는 그 열매를 가지고 싶어 하는 아기와 늘 실랑이를 했다. 많이 따면 맥문동도 아플지도 모르니까 딱 하나만 따서 가자며 타협하고 아기 손에 맥문동 열매를 하나 쥐어 주면 아기는 환하게 웃으며 그렇게나 좋아했다. 어린이집에서 집에 오는 길에 아주 커다란 놀이터가 있어서 날씨가 너무 춥거나 아기가 컨디션이 그리 좋지 않을 때는 숨죽이며 그곳을 지나쳐 가기도 했다. 다른 친구들이 놀고 있으면 자기도 놀겠다며 아기가 고집을 부렸기 때문이다.

아기랑 젊은 아빠랑 둘이 손잡고 동네를 돌아다니는 것이 기특해 보이거나 혹은 신기해 보였는지 동네 사람들은 우리 부녀를 참 예뻐해 줬다. 소아과 선생님은 부모가 된 것이 처음이라 항상 안절부절못하고 있는 우리 부부를 평온한 표정으로 진정시켜 주시고 긴 시간 상담을 해 주시고도 따로 결제하지 않는 경우도 많았다. 동네 마트에서는 점원 아주머니께서 아기가 너무 사랑스럽다며, 자기가 과자를 하나 사주고 싶다고 직접 결제를 하셔서 떡뻥 같은 과자 등을 주시기도 하고 과일 상자 속에서 과일을 한두 개 꺼내어 아기 손에 쥐어 주시기도 했다. 어린이집에서는 아기가 태어나 처음 만나는 선생님이라 걱정이 많았는데, 선생님은 아기를 보며 항상 말씀하셨다.

"우리 공주는 잘 울지도 않지만 울 때도 너무 사랑스럽잖아요."

이렇게 부모인 우리 부부조차도 의아할 정도로 아기를 정말 많이 사랑해 주시는 어린이집 담임 선생님도 만났다. 어린이집 원장님과 병원 직원분들은 내 손을 잡고 멀뚱하게 서 있는 아기에게 말하시곤 했다.

"아빠가 너무 잘생기고 멋져서 너 항상 아빠 옆에 붙어 다녀야 한다."

육아휴직 중이라 자존감이 떨어지던 나는 괜히 머쓱해하며 웃곤 했다. 아파트 청소해 주시는 분께서는 일하시다가도 우리 부녀가 나타나면 달려오시며 말씀하셨다.

"아이고, 우리 인사 잘하는 예쁜 아기!"

"밥 잘 먹어야 한다. 조금 더 살쪄야지."

"말 연습 많이 해 봐야지 '할미' 해 봐 할미."

경비 아저씨도 항상 웃으며 말씀해 주셨다.

"아니, 여기 왜 인형이 걸어 다니고 있어? 세상에 이렇게 예쁜 아기가 있네."

그 외에도 내 손을 잡고 느릿느릿 뒤뚱뒤뚱 계단을 올라가고 있던 아기를 보고 엘리베이터를 한참이나 웃으며 잡아 주는 이웃들, 아기에게 환하게 웃으며 손을 흔들고 인사해 주던 수많은 사람. 나와 아내만 고군분투하며 아기를 키우고 있다고 생각했는데 그게 아니었다. '아이를 하나 키우는 데에는 온 마을 사람들이 다 필요하다.'라는 말이 있다. 아기가 이렇게 행복한 아기로 성장하기 위해서, 한 철없는 아이 같은 성인 남성이 진짜 아빠가 되기 위해서 이렇게 온 마을이, 온 마을 사람들이 우리를 품어 주었다. '깜빡깜빡' 밝기가 약해지고 있는 수명이 다 되어가는 전구처럼, 이제는 이 찬란했던 아기와 함께해 온 시간이, 함께해온 동네의 추억들이 마무리되는 시간임이 느껴졌다.

어떤 이별도 쉬운 이별은 없지만 참 쉽지 않은 이별이다. 떠오르는 소소한 추억에 묻어 울컥울컥 감정이 올라오기도 한다. 하지만 알고 있다. 이제는 안녕을 말해야 할 때. 고마웠습니다. 우리 가족을 품어 주었던 사람들, 그리고 이 좋은 사람들과 함께했던 시간들. 이젠 안녕!

화려하지 않은 고백

정연아, 아빠가 너 재울 때마다 불러주던 〈화려하지 않은 고백〉이라는 노래 알지? 오늘은 그 노래 들으면서 너에게 편지를 쓰고 있어. 네 얼굴 보면서 진지하게 뭔가 말하려고 하면 자꾸 목이 메어오는 마음 약한 아빠니까, 이렇게 편지로 남겨야 아빠가 하고 싶은 말을 다 할 수 있을 거 같아. 아쉽게도 네가 이 편지를 읽을 수 있으려면 아직 몇 년의 시간이 남았네.

정연이를 번쩍번쩍 안아 올려 주고, 달리는 너의 뒤에서 졸졸졸 같이 뛰어다니고 목마 씩씩하게 태워주는 꽃보다 예쁜 지금의 아빠도, 아마 꽃이 시들듯, 조금씩 시들어 갈 거야. 하지만 네가 세상에 태어나 왕왕 울며 한쪽 눈을 어렴풋이 뜨던 순간, 처음으로 아빠 손을 잡아 줄 때 네 손의 촉감. 네가 걸어 보려고 일어나다가 머리를 쿵 부딪쳐서 심장이 덜컥 내려앉던 순간. 처음으로 아빠한테 "아빠!" 하고 말해주던 순간. 햇살 좋은 날, 베란다에 둘이 나란히 앉아 창밖을 바라보던 순간. 그 모든 순간의 네가 아빠 눈에 가득 담겨서, 아빠의 몸이 힘없이 지고 있더라도 아빠의 눈은 세상 누구보다 풍요롭게 빛날 거야.

네가 태어나고, 네가 사는 세상이 조금 더 행복했으면, 조금 더 밝았으면 싶어서 아빠도 최선을 다해서 열심히 살아가고 있어. 너에게, 네가 사는 세상에서 부끄럽지 않은 아빠가 되고 싶어서. 그런데 정연아. 세상을 살다 보면 결국 많이 힘든 순간들이 오기도 할 거야. 미안해. 하지만 이거 하나만 아빠가 약속할게. 네가 많이 지치고 힘들 때 아빠가 꼭 네 옆에서 있어 줄게. 넘어지고 아파할 때 아빠가 이 자리 지키고 있을게. 네가 몇 번을 넘어져도 괜찮다고 말해줄게.

이 넓은 세상 위에, 이 길고 긴 시간 속에, 그 수많은 사람 중에 아빠 딸로 와 줘서, 감사해. 사랑해. 우리 딸.

에필로그

어느새 이 책 속에서 10개월 아기였던 공주는 4살이 되었습니다. 감정과 보이는 것들을 계속 말하고, 뛰어다니는 것도 이제는 좀 그럴듯하게 뛰어다닙니다. 원고를 수정하면서, '아, 이런 순간들이 있었나?', '내가 이런 생각을 했던가?' 하면서 벌써 원고를 쓸 때의 저와의 괴리감이 느껴지더라고요.

저는 나름대로 열심히 살아가려 노력하고 있습니다. 『사랑의 기술』이란 책에서 에리히 프롬은 "꿀을 줄 수 있으려면 어머니는 좋은 어머니일 뿐만 아니라 행복한 사람이어야 한다."라고 했습니다. 좋은 부모일 뿐 아니라 사람으로서도 온전히 채워져야 한다니! 아빠가 되기도 쉽지 않았지만, 진짜 아빠가 되는 길은 정말 멀어 보입니다. 마지막 이야기에서 공주와의 약속처럼, 딸이 컸을 때 조금이라도 더 나은 세상에 살면 좋겠기에 나름대로 할 수 있는 일들을 하고 있습니다. 직장에서도 여러 사람에게 필요한 일이라면, 내가 좀 힘들어도 맡아서 진행하려 노력하고 있습니다. 최근에는 엘리베이터에서 모든 이웃분에게 밝게 웃으며 인사하기 시작했습니다. 작은 일이라도 내가 할 수 있는 일을 해보려고요. 이웃끼리 인사하는 분위기가 아니어서 처음에는 정말 주먹을 꼭 쥐고 부끄러워하며 인사했는데, 세상에! 이웃분들이 다들 이렇게 밝게 인사로 답해주실 줄 몰랐습니다. 덕분에 아이도 옆에서 같이 이웃분들께 꾸벅꾸벅 인사 잘하고 있습니다.

    아이는 이제 아기라는 표현이 어울리지 않을 만큼 어느새 자라 버렸습니다. 아빠와 10개월 아기의 이야기는 앞서서 마침표가 찍혔지만, 아이는 그동안도 쉴 새 없이 열심히 성장했으니까요. 네 살쯤 되니 대화가 되어 필요한 것과 원하는 것도 알 수 있고, 식사도 폭이 훨씬 다양해지고, 기저귀도 떼고 이제는 어디 갈 때 특별히 챙겨가야 할 물건들도 점점 없어지고 있습니다. 그래서 육아가 쉬워질 줄 알았더니, 이제는 그 빈 공간을 훈육이 채워주네요. 아마 제가 눈감기 전까지는 늘 아이의 걱정이 될 거 같습니다.

    이야기에서 다뤘던 것처럼 함께하는 시간이 길어질수록 아이는 점점 더 사랑스럽게 느껴집니다. 그래서 요즘도 가끔 아내를 설득하고 있습니다.
"아이가 하나든 둘이든 어차피 부모의 삶으로 발을 들여놓았는데, 기왕이면 한 명 더 있으면 좋겠다. 낳아만 주면 내가 갓난아기 때부터 육아 휴직해서 키울 텐데."
하지만 여전히 아내에게 잘 먹히지 않고 있습니다.

원고 수정하면서 벌써 낯설게 느껴지는 저의 이야기를 계속해서 다시 읽으면서, 저는 참 복이 많은 사람이지만 특히 사람 복이 정말 많은 사람이라고 느꼈습니다. 세상에서 가장 존경하는 분들이 제 부모님이셔서 진심으로 감사하고, 늘 저를 위해 기도해주는 누나, 아내보다 저를 더 먼저 걱정해주시는 장인·장모님, 팬클럽 1호 처남, 30년 지기 동네 친구들부터 대학 동기들, 직장 동료 형님들, 노원구 동네 주민분들까지. 이 책의 이야기에 감초처럼 나와서 이야기를 빛내주신 분들께 진심으로 감사의 말씀 드립니다. 이 이야기가 이렇게 책으로 나올 수 있게 최선으로 도와주신 미다스북스에도 감사의 인사 드립니다. 끝으로 언제나 나의 가장 든든한 친구이자 마지막 순간까지 내가 사랑할 아내와, 엄마·아빠에게 와 준 우리 공주, 영원히 사랑합니다.

여전히 정신없이 바쁜 육아와 자기 계발을 하고 있지만, 어떤 순간들에 멈춰서서 "행복하다" 하고 말할 수 있는 하루하루를 보내고 있습니다. 누나가 제가 아이일 때 절 위해 해준 기도처럼, 이 글을 읽어주신 모든 분이 주변 사람들에게서 넘치는 사랑을 받기를, 진심으로 "행복하다" 하고 말하는 하루하루를 보내시길 기도하겠습니다. 감사합니다!